대한민국의 오바마를 꿈꾸며

〈재능 무한대〉 방송 촬영 중에 있었던 일입니다. 존경하는 위인을 표현해 보라는 과제를 낸 적이 있었어요. 4학년 남자 어린이가 측우기를 발명한 과학자 장영실을 누더기 옷을 입은 모습으로 표현했더군요. 이유를 물었지요. '재능과 노력으로 신분과 가난을 극복한 과학자라는 사실을 보여 주려고 했다'고 답하더군요. 놀랐습니다. 어린아이가 그런 생각을 하다니. 한데 정작 부모님은 평범한 아이일 뿐이라며, '내 아이가 정말 그런 말을 했나요?' 라며 되묻기까지 했어요.

그때 〈재능 무한대〉 제작팀은 '아이들이 알고 싶은 건 위인의 업적이 아니라, 재능을 발견하고 발전시킨 과정이 아닐까' 하는 생각을 했어요. 아이들의 꿈, 그 꿈을 공상이 아닌 현실로 만들려면 보다 구체적인 정보와 조언이 필요합니다. 의사, 사장, 교수가 직업의 전부

였던 시대와 지금은 무척 달라요.

〈재능 무한대〉는 수백 명 아이들과 만나 아이들을 가까이에서 지켜보며 촬영하는 프로그램입니다. 아이들을 밀착해서 촬영하다 보니 아이들이 미래에 대한 구체적인 정보를 원하고 있다는 사실도 알았지요.

우리가 알고 있는 위인들도 만약 재능을 계발하지 않았다면 그저 평범한 일생을 살았을 겁니다.

이런 문제의식을 담아 〈재능 무한대〉를 제작했으며, 프로그램의 한 코너였던 '위인들의 재능 이야기'를 좀 더 확장해 책으로 선보입니다. 신개념 인물 이야기 '위인들의 재능 이야기' 시리즈는 누구나 위대한 인물이 될 수 있음을 보여 주는 책입니다. 만화로 간략하게 인물의 생애를 보여 줘 어린이들에게 흥미를 유도하고, 다음에는 구체적인 인물 이야기를 통해 재능을 발전시키는 과정을 보여 줍니다. 마지막에는 실제로 어린이들이 인물의 특징적인 재능을 따라할 수 있는 활동 프로그램까지 제시합니다.

'위인들의 재능 이야기' 시리즈는 또한 실질적 메시지를 전달하기

위해 위인의 재능 발달 지도를 보여 줍니다. 재능 발달 지도는 다중 지능이론과 교육 심리 등 최근 이론을 근거로 작성했습니다. '몸으로 이해하고 표현하는 능력', '소리로 이해하고 표현하는 능력', '그림(공간)으로 이해하고 표현하는 능력', '논리로 이해하고 표현하는 능력', '자연으로 이해하고 표현하는 능력', '언어로 이해하고 표현하는 능력' 등으로 위인의 능력을 분류했어요.

 업적이 아니라 재능과 능력에 따라 위인을 나누고, 어린이들의 능력과 관심이 어느 영역인지를 견주어 보도록 말입니다. 재능 발달 지도는 위인의 일대기가 아닙니다. 재능과 능력이 어떻게 발전해 갔는지를 알려 주는 나침반입니다. 재능 발달 지도를 보고 나는 어떤 재능이 있는지, 나의 재능을 어떻게 계발할지를 스스로 고민하는 것이 목적입니다.

 서울대 교육학과의 문용린 교수는 우리나라 부모들이 너무 일찍부터 아이를 위인으로 키우는 걸 포기한다고 지적하더군요. 서울대 교육학과의 류숙희 박사도 위인의 일생을 분석해 보면 적어도 일생에 멘토를 다섯 명은 만난다고 지적합니다. '위인들의 재능 이야기'에서

　소개하는 인물들이 부디 우리 어린이들에게 멘토가 되길 바랍니다.
　시리즈의 1권은 '몸으로 이해하고 표현하는 능력'이 뛰어난, 미국의 첫 흑인 대통령 버락 오바마입니다. 오바마가 운동을 좋아한다는 것은 널리 알려진 사실입니다. 계기는 이렇습니다. 어린 시절 백인인 어머니, 아시아계인 새아버지 사이에서 흑인인 오바마는 방황합니다. 그 시기에 오바마는 농구를 접했고, 운동을 통해 자신을 이해하고 통찰하는 능력을 배웁니다. 운동을 할 때처럼 인종의 벽을 넘어 하나 된 미국을 꿈꾸기 시작했어요.
　"네 꿈은 뭐니?"
　"대통령이요."
　오바마가 대통령이 꿈이라고 했을 때 모두들 비웃었습니다. 그러나 그는 대통령이 되었습니다. 우리 어린이들도 오바마처럼 꿈을 꾸고, 마침내 희망의 증거가 될 수 있기를 기대합니다.

〈재능 무한대〉 제작팀을 대표하여
최윤정

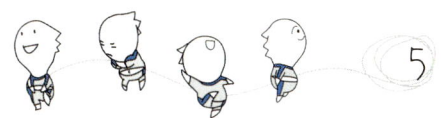

contents

서문 · 대한민국의 오바마를 꿈꾸며 _ 2
버락 오바마 _ 8
버락 오바마의 재능 지도 _ 10
만화 · 미국 최초의 흑인 대통령, 오바마 _ 12

PART 01
유년기
어머니의 가르침 _ 34
대통령을 꿈꾸는 흑인 소년 _ 43

PART 02
청소년기
외조부모와의 생활 _ 52
푸나호우 학교 _ 57
상상 속의 아버지를 만나다 _ 62
일일 교사가 된 아버지 _ 67
혼란과 방황의 나날 _ 72
농구로 이겨 내다 _ 78

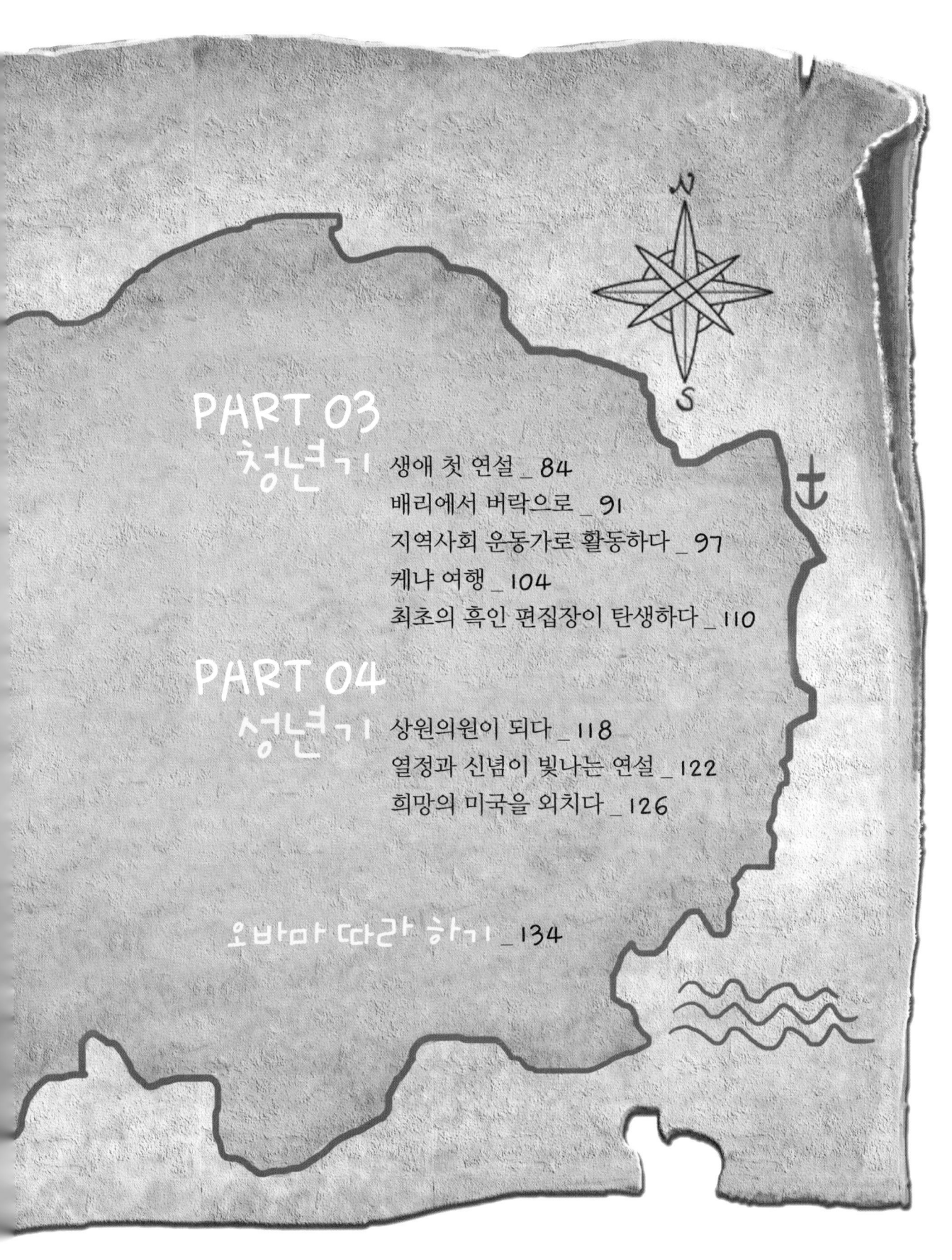

PART 03
청년기
- 생애 첫 연설 _ 84
- 배리에서 버락으로 _ 91
- 지역사회 운동가로 활동하다 _ 97
- 케냐 여행 _ 104
- 최초의 흑인 편집장이 탄생하다 _ 110

PART 04
성년기
- 상원의원이 되다 _ 118
- 열정과 신념이 빛나는 연설 _ 122
- 희망의 미국을 외치다 _ 126

오바마 따라 하기 _ 134

Barack Hussein Obama
버락 오바마

버락 오바마는 '검은 케네디'라는 별명으로 불리며,
흑인 중에서는 최초로 미국 대통령의 자리에 오른 인물이랍니다.
오바마는 흑인과 백인 사이에서 태어났고,
인도네시아인 새아버지 밑에서 성장했습니다.
끊임없이 자신의 정체성에 대해 혼란을 느끼며 자랄 수밖에 없었어요.
흑인을 향한 사회의 편견과 차별도 겪어야 했지요.
하지만 그는 외부의 환경에 굴하지 않고,
자신이 옳다고 믿는 신념을 향해 차근차근 앞으로 걸어 나갔답니다.
자신이 꿈꾸는 세상을 만들기 위해 지역사회 운동가가 되었고,
사람들의 이야기에 귀를 기울였어요. 그리고 결국 대통령이 되었답니다.
오바마는 자신을 향한 편견과 차별을 극복하고,
열정과 끈질긴 노력으로 대통령이 되었습니다.
오바마의 삶을 통해 여러분도 미래의 꿈을 당당히
펼쳐 나갈 수 있길 바랍니다.

재능을 살려 성공을 이끌어 낸 버락 오바마의 재능 지도

재능 지도란 한 인물이 역경에 맞서 재능을 찾아내고 자신을 발전시킨 인생의 전환점을 시기별로 정리한 지도입니다. 버락 오바마의 재능 지도를 보며 여러분의 재능이 무엇인지, 어떻게 발전시켜 나갈지를 함께 상상해 보세요.

- 어머니의 가르침
- 대통령을 꿈꾸는 소년
- 친아버지와의 만남
- 방황하는 오바마
- 농구로 극복
- 연설에 재능을 드러냄

유년기

6세 어머니가 재혼을 하게 되어 인도네시아로 이사를 해요.

청소년기

10세 혼자서 하와이로 돌아와 외조부모님과 살게 돼요.
10세 친아버지와 처음이자 마지막으로 만나요.
16세 푸나호우 학교 농구부에서 맹활약을 펼쳐요.

지역사회 운동가로 활동

뿌리를 찾는 여행

일리노이 주 상원의원 활동

'담대한 희망' 연설

미국 최초의 흑인 대통령이 됨

청년기

- 18세 옥시덴탈 대학에 입학해 첫 연설을 해요.
- 24세 시카고에서 도시빈민운동에 뛰어들어요.
- 27세 하버드 로스쿨에 입학을 해요. 친아버지의 고향인 케냐로 여행을 떠나요.
- 29세 하버드의 법률 학술지인 〈하버드 로 리뷰〉의 첫 흑인 편집장이 돼요.
- 30세 하버드 로스쿨을 수석으로 졸업해요.

성년기

- 31세 하버드 대학 출신인 미셸 로빈슨과 결혼을 해요.
- 35세 일리노이 주 상원의원에 당선돼요.
- 43세 민주당 보스턴 전당대회에서 '담대한 희망'이란 기조연설을 해요.
- 46세 민주당 대통령 선거 후보 경선에 출마하겠다고 선언해요.
- 47세 제44대 미국 대통령에 당선돼요.

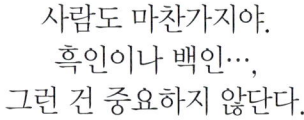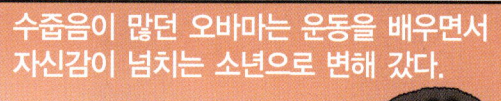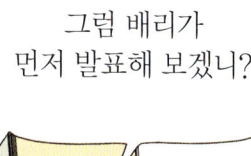

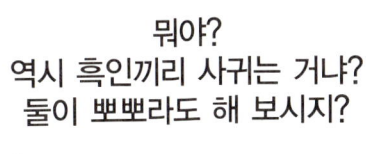
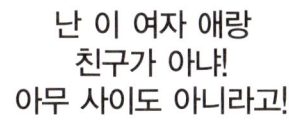

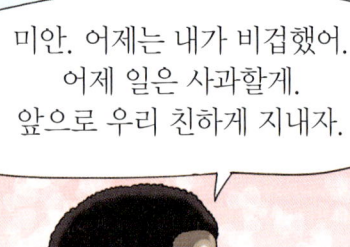

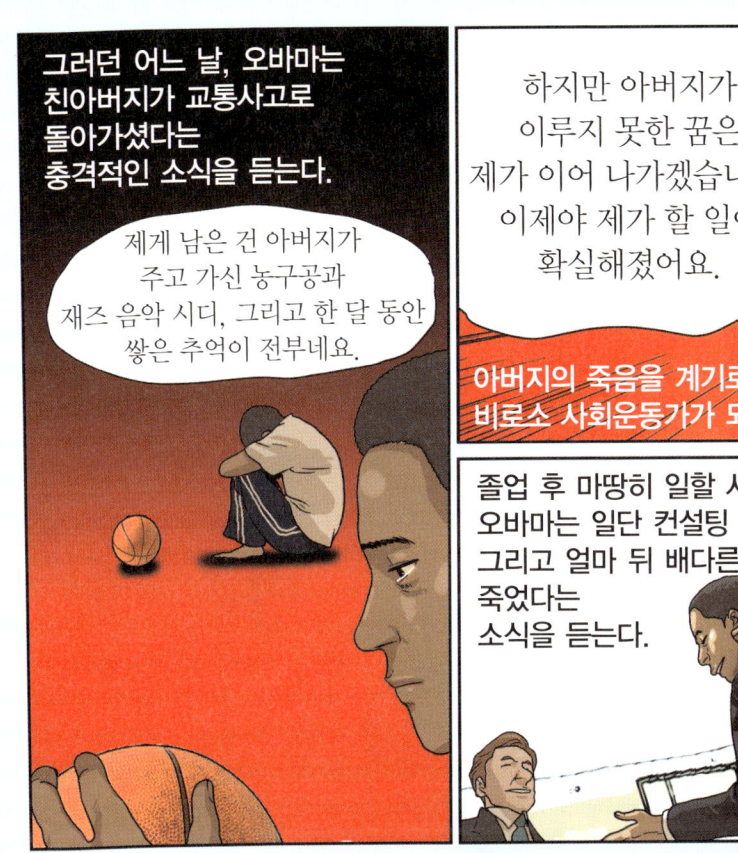

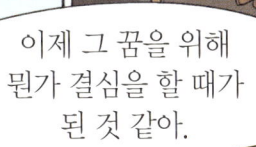

버락 오바마의 유년기

오바마는 아프리카 케냐 출신의 흑인 아버지와
미국 출신의 백인 어머니 사이에서 태어났어요.
그가 두 살 때 부모님은 이혼을 해요.
그 후 어머니가 인도네시아인과 재혼을 하면서
인도네시아에서 살게 되었답니다.
어머니는 정체성의 혼란을 겪던 오바마가 바른 길로
나아갈 수 있도록 든든한 지지자가 되어 주었어요.
조용하고 수줍음 많던 아이는
점점 씩씩한 소년으로 성장하게 되었지요.
오바마는 어렸을 때부터 장래 희망을 '대통령'이라고 말했다고 해요.
꿈이 컸던 어린 시절의 오바마를 함께 만나 볼까요?

어머니의 가르침

"엄마, 나 내일부터 학교에 가지 않을 거예요!"

학교 수업을 마치고 돌아온 소년은 집 안에 들어서자마자 엄마를 향해 소리를 질렀어요. 그리고 깜짝 놀라 눈이 휘둥그레진 엄마를 뒤로하고 방문을 쾅 닫고 들어갔어요. 엄마가 방문을 열고 들어가 보니, 소년은 이불을 뒤집어쓴 채 슬프게 흐느끼고 있었어요.

"배리, 무슨 일이 있었던 거니? 엄마에게 말해 보렴."

엄마는 흐느끼고 있는 소년을 품에 안고 부드럽고 다정한 목소리로 말을 건넸어요. 소년은 눈물을 머금은 채 엄마에게 이야기를 털어 놓기 시작했어요.

"친구들이 아버지가 두 명이라고 놀려요. 친아버지가 절 버린 거래요."

"너도 그렇게 생각하니?"

"전…… 잘 모르겠어요. 하지만 아버지가 엄마를 버린 건 확실하잖아요. 그러지 않았다면 우린 이 먼 인도네시아까지 오지도 않았을 거라고요!"

"배리. 난 네 친아버지를 어느 누구보다 존경하고 있단다."

엄마의 뜻밖의 이야기에 소년은 벌떡 일어나 앉았어요.

"아버지를 존경한다고요?"

친아버지는 어떤 사람이었을까. 아버지는 왜 날 버렸을까?

오바마가 겨우 두 살 때 친아버지는 아프리카로 돌아갔어요.
아버지에 대한 기억이 없는 어린 오바마는
친구들이 혼혈아라고 놀리자 무척 괴로워했지요.

"그래. 아버지는 조국 케냐를 위해 일하고 계신 거야. 아버지는 강하고 능력 있는 분이거든."

"하지만……."

"넌 네 아버지가 가졌던 용기와 신념을 그대로 물려받았어. 아버지를 쏙 빼닮았지. 난 네가 이 어려운 상황을 잘 이겨 낼 거라고 믿는단다."

소년은 고개를 푹 숙였어요. 자신이 너무 철없게 행동하여 엄마의 마음을 아프게 만든 것 같아 부끄러웠거든요. 하지만 소년의 마음속에서는 희미한 희망 같은 것이 솟아올랐어요.

'내 아버지가 그렇게 훌륭한 분이라고?'

소년이 그런 생각을 하고 있는 사이, 엄마가 소년의 어깨를 토닥이며 말했어요.

"배리. 마틴 루터 킹 목사님의 연설집을 가지고 오렴. 엄마와 같이 멋지게 낭독해 보자꾸나."

소년은 환한 얼굴로 책을 가지고 와 엄마 옆에 앉았어요. 엄마와 함께 책을 읽는 시간이 소년에겐 가장 행복한 시간이었답니다.

배리라고 불린 이 작고 다부진 소년, 이 소년이 바로 미국 최초의 흑인 대통령 버락 오바마예요. 오바마에게 어머니란 존재는 무척 특별했어요. 왜냐하면 오바마가 태어난 뒤 얼마 되지 않아 부모님이 이혼을 했기 때문이에요. 오바마의 아버지는 아프리카 케냐에서 태어난 흑인이었어요. 하지만 오바마의 어머니는 미국에서 태어난 백인

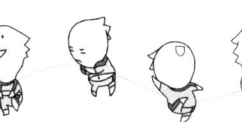

이었지요. 두 사람은 하와이 대학에서 만나 서로 사랑에 빠졌고, 오바마의 어머니가 겨우 열여덟 살 되던 해에 결혼을 했답니다. 오바마를 낳을 당시만 해도 두 사람은 매우 행복했지요.

시간이 흘러 오바마의 아버지는 하와이 대학교를 졸업하게 되었어요. 그와 동시에 세계적으로 유명한 하버드에서 장학금을 제안 받았어요. 오바마의 아버지는 그 기회를 놓칠 수 없었어요.

"여보, 배리는 걱정하지 마세요. 이 기회를 놓칠 순 없잖아요."

"정말 그렇게 생각하오?"

"네. 전 당신을 이해해요."

"내 조국은 지금 지도자를 필요로 하고 있소. 이런 시기에 세계 최고의 교육을 거절하기란 나도 무척 힘이 드오."

"원하는 길을 가세요. 아이는 제가 잘 키울 수 있어요."

"하버드에서 공부만 마치면 바로 돌아오도록 하겠소. 부탁하오."

오바마의 어머니는 아버지만큼이나 강인하고 신념이 강한 여성이었어요. 어린 나이에 아이를 홀로 키워야 했지만, 남편이 가진 큰 꿈에 말없는 지지를 보내 주었던 거예요. 이렇게 오바마의 아버지는 하버드로 떠나게 되었어요. 하지만 공부를 마친 후에는 결국 자신의 꿈을 이루기 위해 아프리카로 돌아가고 말았어요. 오바마가 겨우 두 살이 되던 해의 일이었어요.

그 후로 오바마의 어머니는 아버지가 없는 아들에게 온 관심을 쏟았어요. 아버지의 빈자리가 오바마에게 나쁜 영향을 끼칠 수도 있다

흑인 인권 운동가 마틴 루터 킹 목사가 미국의 양심을 일깨우기 위해 '나에겐 꿈이 있습니다'라는 제목의 연설을 하고 있는 모습.

고 생각했기 때문이에요. 어머니는 항상 아들에게 당당해야 한다고 이야기했어요. 그리고 마틴 루터 킹이나 배우 시드니 포이티어 같은 흑인들의 이야기를 들려주며 오바마의 마음에 자부심을 길러 주었지요. 이런 어머니의 노력 덕분에 오바마는 밝고 명랑한 소년으로 잘 자라날 수 있었답니다.

시간이 흘러 오바마의 어머니는 새아버지와 재혼을 하게 되었어요.

새아버지는 무척 너그럽고 침착한 사람이었지요. 하지만 오바마의 어머니와 결혼한 지 얼마 되지 않아 자신의 고향인 인도네시아로 돌아가게 되었어요. 오바마의 어머니는 오바마를 데리고 인도네시아에 가기로 결심했어요. 아버지가 없는 것보다는 낯선 환경이더라도 온전한 가정에서 오바마를 자라게 하는 편이 낫다는 생각이었지요.

인도네시아에서 학교에 다니게 된 오바마의 생활은 생각만큼 순탄치 않았어요. 백인 어머니와 아시아인 새아버지, 그리고 흑백 혼혈의 오바마로 이루어진 가정이 친구들의 눈에는 우스꽝스럽게 보였기 때문이에요.

오바마의 어머니는 이런 상황이 오바마에게 큰 혼란을 줄 수 있다는 사실을 잘 알고 있었어요. 그래서 시간이 날 때마다 오바마를 불러 위대한 흑인과 아버지에 대한 이야기를 해 주었답니다. 오바마는 얼굴도 보지 못한 아버지 이야기에 처음엔 시큰둥했지만, 시간이 지나면서 서서히 마음속으로 아버지를 존경하기 시작했어요.

오바마를 인도네시아로 데려오긴 했지만, 오바마의 어머니는 마음속으로 다른 생각을 품고 있었어요.

'배리를 여기서 계속 살게 할 순 없어. 좀 더 넓은 세상으로 나가 자신의 꿈을 마음껏 펼치도록 해야지.'

그래서 어머니는 새벽 4시가 되면 오바마를 깨웠어요. 그리고 학교에 가기 전 몇 시간 동안 직접 영어와 미국 교과 내용을 가르쳤지요. 언젠가 큰 세상에 나가 꿈을 펼칠 수 있도록 미리 준비를 했던 거예요.

어머니는 오바마가 아버지가 없는 슬픔에 빠져 있기보다는 조국에서 큰 꿈을 펼치고 있는 아버지의 모습에서 희망을 얻길 바랐어요.

"엄마. 아이들이 나보고 혼혈아라고 놀려요."

"배리. 누가 뭐래도 넌 자랑스러운 아버지의 아들이란다. 하지만 너를 놀리는 아이들도 이해를 해야 해."

"전 그 애들이 미워요. 왜 그 애들을 이해해야 하죠?"

"넌 '흑인'이기 전에 자랑스러운 '미국인'이기 때문이야. 게다가 넌 백인 어머니까지 두고 있잖니."

어머니는 장난스러운 미소를 지으며 말했어요. 언제나 웃음을 잃지 않는 어머니의 모습에 오바마는 힘이 불끈 솟았어요. 어머니만 옆에 있다면, 아이들의 놀림 따위는 얼마든지 이겨 낼 수 있다는 생각이 들었지요.

훗날 오바마는 자서전을 통해 어머니에 대해 이렇게 회상했어요.

'내 어머니는 나의 삶에 가장 큰 영향을 준 분이었습니다. 아버지가 없는 가운데서도 나를 지탱해 주는 힘이었고, 희망을 주는 분이었습니다. 날 언제나 바른 길로 이끌어 주었죠. 난 내 아버지를 존경했지만, 그것은 어머니 덕분이었습니다. 내가 아버지에게 분노와 슬픔을 느낄 때, 어머니는 한결같이 그것들을 누그러뜨릴 수 있도록 위로하고 격려해 주었습니다. 어머니는 사람들이 가진 착한 마음과 우리에게 주어진 진정한 삶의 가치가 무엇인지 아는 분이었습니다.'

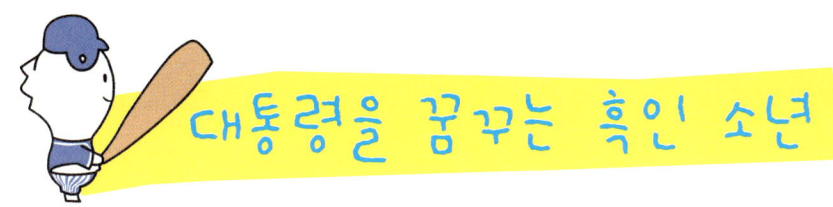

대통령을 꿈꾸는 흑인 소년

"자, 지금부터 자신의 꿈에 대해 글을 써 보세요. 그리고 그런 꿈을 꾸게 된 이유가 무엇인지도 써 보세요."

오바마가 3학년 글짓기 수업을 받던 중 선생님은 꿈에 대한 글짓기를 시켰어요. 골똘히 생각에 잠겼던 오바마는 곧 자신의 생각을 거침없이 적어 나가기 시작했어요. 글 쓰는 시간이 끝나자, 선생님은 한 사람씩 일어나 자신의 꿈을 발표하게 했어요.

"자, 이번엔 오바마 차례구나. 네 미래의 꿈은 뭐지?"

"전 대통령이 되고 싶어요."

오바마의 말에 반 친구들이 와아~ 하고 함성을 질렀어요. 선생님은 아이들을 진정시킨 후, 오바마에게 물었어요.

"멋진 꿈이구나, 오바마. 어째서 그런 꿈을 꾸게 되었니?"

"……"

"괜찮아. 네가 생각하는 대로 이야기하면 돼."

"전 모두가 같이 행복했으면 좋겠어요. 힘이 약한 사람이나 강한 사람, 가난한 사람이나 부자인 사람도, 그리고……"

"그리고 또?"

"흑인이건 백인이건 상관없이 모두가 함께 행복했으면 좋겠어요."

선생님은 오바마에게 다가와 머리를 쓰다듬어 주었어요. 그리고 따

뜻한 목소리로 말했지요.

"오바마. 넌 충분히 대통령이 되고도 남을 거야. 넌 언제나 약하고 불쌍한 사람들을 배려하니까 말이야. 항상 남을 먼저 생각하는 너의 친절한 마음을 잘 간직한다면, 너의 꿈을 이룰 수 있을 거야."

오바마가 이런 꿈을 꿀 수 있었던 것은 어머니의 힘도 컸지만, 새아버지의 도움도 컸어요. 처음 오바마가 인도네시아로 왔을 때, 마을 친구들은 모두 그를 따돌렸어요. 자신들과 너무 많이 달랐기 때문이에요. 오바마는 동네에서 유일한 외국 아이였어요. 그리고 대부분 이슬람교를 믿고 있는 동네에서 가톨릭 학교를 다녔지요. 게다가 오바마는 숫기가 없고 조용한 소년이었으며 뚱뚱하기까지 했답니다. 그런 오바마에게 새아버지는 말했어요.

"오바마. 뒤로 물러서지 마. 그리고 넌 네 스스로를 보호할 줄 알아야 한다."

새아버지는 오바마가 친구들로부터 자신의 몸을 보호할 수 있도록 권투를 가르쳐 주었어요. 그뿐만이 아니에요. 새아버지는 오바마를 위해 마당에 닭이나 오리, 개, 앵무새 등의 동물도 길렀어요. 모든 것이 낯선 환경에 적응해야 하는 오바마를 위한 새아버지의 배려였지요.

오바마는 시간이 지나면서 점점 이런 환경들에 적응하기 시작했어요. 세상에 백인이나 흑인과 같이 다양한 인종이 존재하는 것처럼, 지금 처한 상황도 그저 다양한 문화 중 하나라고 생각하니 어쩐지 마

새아버지는
오바마에게
자신감이 필요하다고
생각하고,
권투를 가르쳤어요.

음이 편해지는 것 같았어요. 조용하고 수줍음 많던 소년은 시간이 지나면서 점점 용기를 내게 되었어요.

"오바마랑 같이 놀아 보니, 생각보다 괜찮은 아이 같더라."

"맞아. 게다가 오바마의 어머니는 굉장히 친절해. 집에 구걸을 하러 온 사람들도 절대 내쫓지 않는대."

"오바마는 엄마를 닮았나 봐. 먼저 주먹을 휘두르지 않아."

"잘난 척할 줄 알았는데, 가난한 우리하고도 잘 어울리잖아."

친구들은 시간이 지나면서 오바마의 마음을 이해하게 되었어요. 오바마는 인도네시아 생활에 익숙해지면서 친구도 많이 사귀게 되었지요. 오바마는 친구들과 함께 너른 자연 속을 마음껏 뛰어다니며 즐겁게 놀았어요. 오바마가 다니던 가톨릭 학교는 명문가의 자제들이 주로 다니는 곳이었지만, 오바마는 농부나 하인 등 신분에 상관없이 친구를 사귀었답니다.

하지만 이렇게 새로운 생활에 익숙해져 갈 무렵, 오바마의 집안 형편은 점점 더 나빠지고 있었어요. 오바마는 결국 명문 학교인 가톨릭 학교에서 이슬람 학교로 전학을 가야 했지요. 오바마는 새롭고 낯선 환경에서 처음부터 다시 시작해야만 했어요.

그 무렵 오바마의 어머니는 아들을 위한 새로운 결심을 했어요. 아들이 새로운 환경에 다시 적응해야 한다면, 차라리 교육 환경이 좋은 곳에서 시작하는 것이 좋다고 생각한 거예요.

"배리. 아직도 대통령이 되고 싶다는 너의 꿈은 변함없는 거니?"

"네, 엄마. 전 모두가 행복하게 어울려 사는 세상을 만들고 싶어요."

"좋아. 그렇다면 여길 떠나거라."

"네? 그게 무슨 말씀이세요?"

"배리. 너의 이름이 뭐지?"

"버락 후세인 오바마 주니어예요."

"그래, 맞아. 버락은 신의 축복을 받았다는 뜻이야. 알고 있지?"

"네. 아버지와 함께 지어 주신 이름이잖아요."

"버락 오바마. 내 사랑하는 아들아. 엄마는 너도 네 아버지처럼 넓은 세상에서 네 꿈을 펼치길 원한단다. 외할아버지와 외할머니가 계시는 하와이로 떠나거라. 네 이름처럼, 신의 축복이 너와 함께할 거야."

1971년, 열 살이 된 오바마는 혼자서 하와이로 돌아왔어요. 외할아버지와 외할머니는 반갑게 오바마를 맞아 주었지요. 어머니와 떨어지는 것은 가슴 아팠지만, 오바마는 엄마가 무엇을 원하는지 알 것 같았어요. 오바마는 자신의 꿈을 믿고 지지해 주는 엄마를 위해서라도 열심히 생활해야겠다고 다짐을 했답니다.

서로 다른 인종의 부모 사이에서 태어났고, 자라면서 터전을 바꿔야 했던 오바마에게 차별 없는 세상을 향한 목표는 어쩌면 아주 절실했을 거예요. 사람들은 이런 상황에서 두 가지 선택을 할 수 있어요. 자기의 상황을 비관하거나, 아니면 이겨 내는 것이지요. 오바마는 낯선 상황과 친구들의 따돌림을 이겨 냈어요. 그리고 결국 친구들이 자신을 이해하고 받아들이도록 만들었어요.

인도네시아의 낯선 환경 때문에 힘들어 했던 오바마는
시간이 지나면서 차츰 적응하기 시작했어요.
친구들도 오바마를 이해해 주기 시작했고요.

좋아!
잘 받으라고!

버락 오바마의 청소년기

열 살이 된 오바마는 다시 하와이로 돌아와
새로운 환경에서 공부를 시작합니다.
하와이 최고의 명문 사립학교인 푸나호우에 다니게 되지요.
하지만 학교에서 흑인에 대한 편견과 차별을 느끼면서
오바마는 새로운 고민에 빠지게 됩니다.
게다가 아버지에 대한 막연한 동경과 어머니에 대한
그리움이 겹치면서 심한 외로움을 겪게 돼요.
청소년기의 방황과 좌절을 오바마는 어떻게 이겨 냈을까요?

외조부모와의 생활

　오바마는 어머니와의 약속대로 하와이에 있는 학교에 다니기로 했어요. 하지만 가장 기뻤던 것은 외할아버지, 외할머니와 함께 생활할 수 있게 되었다는 것이었어요. 외할아버지와 외할머니는 오바마를 끔찍하게 아끼고 사랑했으니까요.

　"할아버지, 할머니를 어떻게 만났는지 이야기해 주세요."

　"허허허. 또 그 이야기냐? 벌써 몇 번째인지 모르겠구나."

　"몇 번을 들어도 재미있거든요."

　오바마는 반짝거리는 눈으로 외할아버지의 무릎에 매달렸어요. 외할아버지는 여느 때처럼 오바마의 볼을 가볍게 툭툭 친 다음, 이야기를 시작했어요.

　"음, 그러니까 내가 열다섯 살 때, 교장 선생님의 코를 주먹으로 날렸다는 이야기부터 시작할까?"

　"네. 그리고 할아버지는 퇴학을 당하셨죠?"

　"그래, 맞다. 그 당시, 난 세상의 어느 누구도 믿지 않았고 어느 누구도 이해하려 하지 않았단다. 그 후로 3년 동안이나 여기저기를 떠돌아다녔지. 부랑아처럼 말이야. 그러다가 네 할머니가 살고 있는 마을에 도착한 거야."

　"부랑아 할아버지를 할머니는 좋아하셨어요?"

오바마는 외할아버지, 외할머니가 있는 하와이에서 학교를 다녔어요. 사진은 1979년 하와이 푸나호우 고등학교 졸업식에서 오바마의 외할머니가 기뻐하는 모습.

"하하. 글쎄, 그게 말이다. 할머니는 내 열정적인 말과 행동이 좋았다지 뭐냐."

"그래서요? 그래서 결혼을 하셨나요?"

"외할머니 집안에서 반대가 심했지. 그래서 외할머니와 나는 함께 집을 떠났단다. 하지만 얼마 지나지 않아 전쟁이 터졌어."

"와. 그래서 할머니랑 또 헤어지신 거죠?"

"난 군대에 가서 싸워야 했으니까. 그 사이 네 할머니는 조립 공장에서 일을 하며 날 기다렸지. 그 시절, 네 어머니가 태어난 거란다."

손자와 함께 즐거운 이야기를 나누고 있는 사이, 외할머니는 맛있

2008년 대통령 후보로 유세를 하던 중
외할머니가 돌아가시자 오바마는 눈물을 흘렸어요.
외할아버지와 외할머니의 사랑이 어린 오바마를 지켜 준 힘이었기 때문이에요.
사진은 외할아버지, 외할머니와 함께한 오바마의 모습.

는 식사를 준비했어요. 외할머니는 어린 나이에 부모 곁을 떠나 씩씩하게 생활하는 손자가 그렇게 대견스러울 수가 없었어요.

"자자, 이제 이야기는 그만 하고 식사를 하도록 해요. 어서요."

외할아버지와 외할머니, 그리고 오바마는 식사 시간 내내 웃음꽃을 피우며 이야기를 나누었어요. 이렇게 오바마의 하루하루는 외할아버지, 외할머니의 사랑과 함께 즐겁고 유쾌하게 흘러갔어요. 비록 곁에 아버지와 어머니는 없었지만, 외할아버지와 외할머니의 따뜻한 사랑은 늘 오바마를 든든하게 지켜 주었지요.

그러던 어느 날, 외할아버지가 우편함에서 편지 한 통을 들고 집 안으로 뛰어 들어오며 큰 소리로 오바마를 불렀어요.

"버락 오바마 주니어! 네가 드디어 푸나호우에 들어가게 되었다."

외할아버지의 외침에 깜짝 놀란 외할머니와 오바마가 거실로 뛰어 나왔어요.

"여보, 뭐라고요? 하와이 최고의 사립학교인 푸나호우요?"

"그렇소. 우리 오바마가 푸나호우 학생이 되는 거요. 허허허."

"할아버지. 푸나호우 학교가 그렇게 좋아요?"

"그럼! 하와이에서 첫 번째로 손꼽을 수 있는 명문 학교란다. 그곳에 들어가기만 하면, 너의 미래도 환하게 열릴 거야."

"네 엄마가 이 사실을 안다면 얼마나 좋아할까!"

외할머니는 오바마를 바라보며 눈물을 글썽였어요. 오바마는 너무나 기뻐하는 외할아버지와 외할머니의 모습을 보면서 입을 다물었어

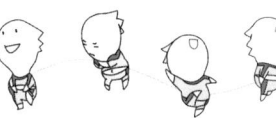

요. 오바마의 마음은 그렇게 썩 기쁘지는 않았어요. 인도네시아에서 친구들과 마음껏 산과 들로 뛰어다니며 놀던 때가 떠올랐기 때문이에요. 외할아버지와 외할머니는 학교 책자를 번갈아 읽으며 오바마의 미래에 대해 희망적인 이야기를 나누었어요.

푸나호우에 등교해야 할 날이 며칠 뒤로 다가왔어요. 오바마는 어쩐지 마음이 불안해지는 것 같았어요. 학교에 갈 날이 다가오자, 인도네시아에서 친하게 지냈던 친구들의 얼굴이 차례로 떠올랐어요.

"할아버지. 여기에서도 친구들을 사귈 수 있을까요?"

"물론이지. 이곳은 하와이 최고의 사립학교란다."

"그건 알지만……."

"애야. 걱정하지 말거라. 넌 잘해 낼 수 있어. 너의 아버지와 어머니가 그랬던 것처럼. 힘을 내거라."

외할아버지는 오바마의 손을 꼭 잡고 학교까지 데려다 주셨어요. 그렇게 해서 오바마는 대학에 들어가기 전까지 7년 동안 푸나호우 학교에 다니게 되었답니다.

오바마의 어린 시절, 외할아버지와 외할머니는 부모님과 같은 존재였어요. 인도네시아에서 돌아온 이후 성인이 될 때까지 오바마는 외할아버지, 외할머니와 죽 함께 살았지요. 두 사람은 언제나 오바마를 믿고 지지했으며, 또한 어딜 가든 그를 기다려 주었고 반갑게 맞아 주었어요. 오바마가 어머니와 떨어져 있었음에도 불구하고 올바르게 성장할 수 있었던 밑바탕에는 바로 가족의 빈자리를 채워 준 외할아버지와 외할머니가 있었기 때문이랍니다.

푸나호우 학교

푸나호우 학교는 외할아버지 말대로 멋지고 훌륭한 학교였어요. 하와이에서 가장 똑똑한 학생들을 배출하는 학교였지요. 학교 전체를 통틀어 오바마와 같은 흑인은 다섯 손가락에 꼽을 정도였어요.

"버락 오바마! 네 아버지의 고향이 케냐라고?"

"네, 선생님. 그런데 절 배리라고 불러 주세요. 우리 가족들은 절 그렇게 부르거든요."

"이런! 내 생각은 좀 다르단다. 버락 오바마. 배리보다는 버락이라는 이름이 훨씬 나은 것 같아. 선생님은 그 이름이 정말 멋지게 들리는구나."

그러나 그 순간, 반 아이들이 큰 소리로 웃음을 터뜨렸어요.

"버락이라고? 정말 웃긴 이름이야. 게다가 아프리카가 고향이란 말이지?"

"넌 어떤 부족에서 왔니? 아프리카에서 왔다면…… 동물들과 함께

살았겠구나. 원숭이나 사자들하고 말이야. 하하하."

"얘들아, 게다가 저 옷 꼴 좀 봐. 정말 촌스럽지 않니?"

선생님은 오바마를 비웃는 친구들을 호되게 나무랐어요. 하지만 친구들의 놀림은 끝이 없었지요. 오바마가 명문 사립학교에 들어가긴 했지만, 오바마의 집안 형편이 그리 넉넉한 건 아니었어요. 게다가 외할아버지와 외할머니는 젊은 아이들의 세련된 취향을 알 길이 없었기 때문에 그의 차림새는 늘 누추할 수밖에 없었지요.

"얘들아! 저기 아프리카 루오족의 추장님 나오신다."

"조심해. 너에게 창을 던질지도 모르니까 말이야."

아이들은 오바마를 볼 때마다 저희끼리 킥킥거리며 수군거렸어요. 오바마는 그런 아이들을 보며 깊은 절망에 빠졌어요.

'역시나, 내 예상이 맞았어. 여기도 결국 똑같은 곳이구나. 어딜 가나 나 같은 흑인은 환영 받지 못해.'

오바마는 온몸에서 힘이 쭉 빠지는 걸 느꼈어요. 하지만 어린 오바마가 할 수 있는 일이란 거의 아무것도 없었지요. 그래서 이를 악물고 열심히 공부했어요. 친구들의 따돌림을 이겨 내는 길은 그것밖에 없다고 생각했기 때문이에요.

오바마가 성실한 태도로 묵묵히 학교생활을 계속하자, 아이들이 오바마를 대하는 태도도 조금씩 달라지기 시작했어요. 하지만 여전히 자신들의 친구로 대하지는 않았지요. 그저 예전만큼 따돌리지 않았을 뿐이에요. 오바마는 그나마 다행이란 생각으로 열심히 학교생활

하와이의 푸나호우는 좋은 학교였지만,
이곳에서도 오바마는 피부색 때문에 따돌림을 당했어요.

야~
아프리카 추장!
창과 방패로
막아 보시지?

을 계속했어요.

그러던 어느 날이었어요. 오바마가 운동장에서 놀고 있는데, 같은 학년인 흑인 여자 아이 코레타가 다가왔어요.

"오바마, 괜찮다면 나랑 같이 놀지 않을래?"

"어, 그래. 좋아. 같이 놀자."

둘은 신나게 운동장을 뛰어다니며 놀기 시작했어요. 그런데 몇몇 남자 아이들이 운동장을 지나다 그 모습을 보고 소리쳤어요.

"와! 저것 봐. 코레타와 오바마가 서로 사귀나 봐."

"오바마. 네가 코레타의 남자 친구니? 그렇다면 코레타에게 키스를 해 줘야지."

친구들의 짓궂은 놀림에 코레타의 얼굴이 확 달아올랐어요. 당황한 오바마는 같이 놀던 코레타의 어깨를 밀치며 소리쳤어요.

"난 코레타의 남자 친구가 아냐! 우린 아무 사이도 아니라고!"

오바마의 말에 코레타는 원망의 눈길을 보내며 울음을 터뜨렸어요. 친구들은 오바마의 어깨를 두드리며 큰 소리로 웃었지요. 오바마는 자신이 한 행동을 금방 후회했지만, 이미 코레타는 울음을 터뜨리며 자리를 떠난 후였어요.

'난 정말 비겁했어. 다른 아이들 때문에 코레타를 밀어 버리다니.'

남자 아이들의 세계에서 그날의 사건은 오히려 오바마의 존재를 확인시켜 주는 계기가 되었어요. 그날 이후로 친구들은 오바마와 조금 더 가까워지게 되었답니다. 그러나 오바마는 그날 코레타에게 던졌던 자신의 말을 두고두고 후회했어요. 친구들과 친해질수록 오바마의 마음속 어두운 그림자도 점점 짙게 드리워졌지요. 그것은 오바마 자신도 알 수 없는 소외감 때문이었어요.

'아, 어머니. 난 너무 외로워요. 어째서 흑인들은 어느 곳에서나 환영 받지 못하는 걸까요? 그저 피부색만 다를 뿐인데 말이에요.'

오바마는 집에 돌아오면 방문을 걸어 잠그고 꼼짝하지 않았어요. 점점 더 말이 없는 소년이 되었지요. 시간이 지날수록 오바마의 마음은 텅 비어 가는 것 같았어요. 오바마는 학교에서 겪어야 하는 소외

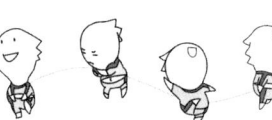

감과 아버지, 어머니가 안 계시는 데에서 오는 외로움을 이겨 내기 위해 안간힘을 써야 했어요.

누구에게나 힘든 고비는 찾아오게 마련이지요. 하지만 오바마가 겪어야 했던 소외감과 외로움은 또래의 친구들에 비해 훨씬 더 가혹했어요. 학교에서 알게 모르게 겪어야 했던 인종 차별, 아버지에 대한 막연한 동경과 어머니에 대한 그리움이 겹쳐 어린 오바마의 어깨를 짓눌렀지요. 그럼에도 오바마가 꿋꿋하게 학교생활을 해 나간 걸 보면, 그의 의지와 자존심이 얼마나 강한지 알 수 있답니다.

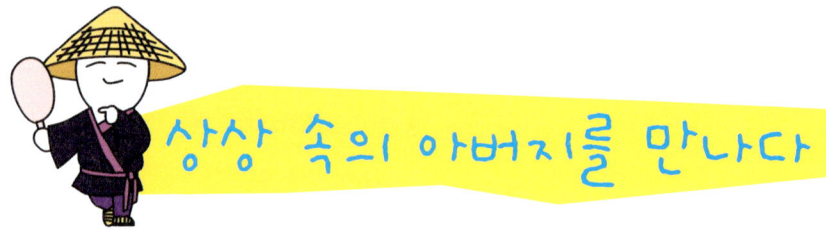

상상 속의 아버지를 만나다

"오바마! 네 친아버지가 널 만나러 온다는구나."

하얀 눈이 세상을 뒤덮은 추운 겨울날, 외할머니가 전보 한 장을 오바마에게 건네주었어요. 그것은 놀랍게도 친아버지가 보낸 전보였어요. 오바마는 깜짝 놀라 외할머니를 쳐다보았어요.

"그렇게 놀랄 건 없다, 배리. 엄마도 이 기회에 오라고 해 놓았으니까. 정말 오랜만에 온 가족이 모여 멋진 크리스마스를 보낼 수 있겠구나."

그러나 오바마의 머릿속에는 외할머니의 말이 전혀 들리지 않았어요. 다만, 태어나서 지금까지 한 번도 보지 못한 친아버지를 만난다는 사실이 거짓말처럼 느껴질 뿐이었어요.

'아버지라고? 조국을 위해 엄마와 나를 버렸던 아버지? 난 아버지를 만나면 뭐라고 해야 하지? 아버지라고 불러야 하나?'

오바마는 눈앞이 캄캄해지는 것 같았어요. 외할아버지와 어머니에게 아버지에 대한 이야기를 무수히 들었지만, 오바마는 상상 속에서만 아버지를 만날 수 있었지요. 게다가 어머니는 오바마에게 늘 아버지를 본받아야 한다고 말했기 때문에 오바마에게 아버지는 두려움의 대상이자 동경의 대상이었어요.

며칠이 지나 어머니가 하와이에 도착했어요. 오바마를 본 어머니는 단숨에 달려와 와락 껴안았어요.

"오바마! 정말 많이 컸구나. 훌륭하게 자랐어."

"엄마, 엄마!"

오바마는 엄마를 부둥켜안고 하염없이 눈물을 흘렸어요. 어머니는 말없이 아들의 등을 토닥이며 꼭 안아 주었어요. 어머니는 생전 처음으로 친아버지를 만나게 된 아들의 심정이 어떤지 이미 알고 있었어요. 어머니는 오바마의 어깨를 꼭 붙들고 말했어요.

"오바마. 두려워할 것 없어. 난 계속 네 아버지와 편지를 주고받았단다. 아버지에게 이미 너에 대한 이야기를 충분히 했는걸."

"아버지가 절 보고 실망하면 어쩌죠?"

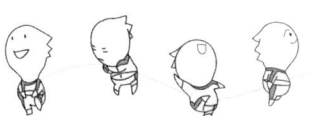

"무슨 소리! 아버지도 널 무척이나 보고 싶어 하셔."

하지만 엄마의 말도 오바마를 위로하진 못했어요. 아버지를 만날 날이 다가올수록 오바마는 점점 더 초조해졌어요.

"오바마! 드디어 네 친아버지가 온다면서?"

"응."

"네 아버지가 아프리카의 루오족이라며? 그게 사실이니?"

"사실이야. 우리 할아버지는 루오족의 추장이었어."

"정말? 그럼 한 나라의 왕하고 같은 거네?"

"당연하지. 아마 조금 있으면 아버지가 추장 자리를 물려받을 거야."

"와, 정말 대단하다."

오바마의 이야기에 주변의 아이들이 몰려들었어요. 오바마는 더욱 신이 나서 이야기를 꾸며댔어요.

"아버지가 추장이 되면, 나도 케냐로 건너가야 할지도 몰라. 왜냐하면 내가 왕자가 되어 아버지를 도와야 하거든."

"그럼 넌 루오족의 왕자가 되는 거야?"

"그렇지. 영화에서처럼 난 말을 타고 부족 전체를 돌면서 마을을 돌봐야 할 거야. 다른 부족 사람들이 공격하면 전쟁도 해야 할 걸."

"오바마. 나에게 네 아버지를 소개해 줄 수 없니?"

"소개해 줄 수 있지. 아마 무척 좋아하실 거야."

오바마는 신이 나서 아이들에게 아버지를 소개해 주기로 약속했어요. 하지만 집에 돌아온 오바마는 두려움에 휩싸였어요. 왜냐하면 아

오바마는 열 살 때 처음이자 마지막으로 그리워하던 친아버지를 만났어요.

이들에게 할아버지가 추장이라고 떠벌린 이야기가 모두 지어낸 것이었기 때문이에요.

'아버지가 오면 나를 크게 혼낼지도 몰라. 난 아이들에게 잘 보이고 싶어서 거짓말을 했으니까 말이야.'

오바마는 거짓말을 한 것에 대해 후회했지만, 이미 일이 저질러진 다음이었지요.

드디어 아버지가 도착하기로 한 날이 되었어요. 학교가 끝나고 집으로 돌아가는 오바마의 발걸음은 천근만근 무거웠어요. 집에 영영 도착하지 않았으면 좋겠다는 마음으로 되도록 천천히 걸었지만, 결국 집 앞에 다다르고 말았지요. 오바마는 심호흡을 하며 초인종을 눌렀어요.

"버락 오바마! 네가 바로 오바마구나!"

문이 활짝 열리자마자 키가 크고 비쩍 마른 흑인 남자가 걸어 나왔어요. 지팡이를 짚고 다리를 절뚝거리며 걸어오는 흑인 남자를 보는 오바마의 가슴은 쿵쾅거리며 뛰기 시작했어요.

"오, 배리. 너를 보게 되다니, 꿈만 같구나. 신의 축복이 함께하길!"

아버지는 흥분을 감추지 못한 채 오바마를 꼭 껴안았어요. 오바마는 얼음처럼 굳은 채로 가만히 서 있었어요. 그 모습을 지켜보는 어머니는 살며시 미소를 지었지요.

오바마와 아버지의 처음이자 마지막 만남은 그렇게 시작되었어요. 어머니는 아버지가 교통사고를 당해 요양을 하던 중 하와이에 오게 된 거라고 말해 주었어요. 아버지는 오바마의 집에 한 달 정도 머물기로 했어요. 아버지는 오바마와 많은 시간을 보내기 위해 노력했어요. 아버지는 아들을 위해 책을 읽어 주고, 음악을 들려주었지요. 때론 음악에 맞춰 춤을 추는 법을 알려 주기도 했어요. 오바마는 이 모든 일이 꿈만 같았어요. 무섭고 엄격하기만 할 줄 알았던 아버지가 너무나 따뜻하고 다정했으니까요.

　아버지와 지낸 한 달의 짧은 시간은 오바마에게 아주 특별한 경험이 되었어요. 낯설고 두려웠던 상상 속의 아버지는 결코 멀리 있지 않았지요. 오바마는 아버지의 당당한 모습을 보면서 자신의 뿌리에 대해 다시 한 번 생각하게 되었어요. 아버지의 고향 케냐에 대한 이야기를 들으며 자신도 언젠가는 아버지의 고향을 찾아가리라고 마음먹었답니다.

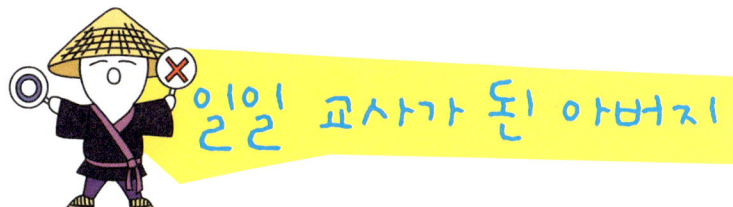

일일 교사가 된 아버지

　아버지는 케냐로 떠나기 전, 오바마의 담임선생님으로부터 일일 교사가 되어 달라는 부탁을 받았어요. 아버지는 흔쾌히 허락했지만, 오바마는 다시 두려움에 떨어야 했어요.

'친구들에게 할아버지가 추장이라고 거짓말을 했는데, 아버지가 가서 그게 아니라고 다 말해 버리면 어쩌지? 내가 왕자가 될 거란 이야기도 다 상상 속의 이야기일 뿐이잖아. 이제 친구들은 영영 나를 쳐다보지도 않게 될 거야.'

오바마는 자신이 거짓말을 했다는 사실을 털어 놓지 못한 채 혼자 끙끙 앓았어요. 아버지가 학교에 나가는 날까지 매일 밤 잠을 못 자고 뒤척여야 했지요.

드디어 아버지가 일일 교사가 되는 날이 다가왔어요. 아버지와 오바마는 함께 아침 식사를 했어요.

"저, 아버지……."

"응. 왜 그러니?"

"……아니에요."

"내가 일일 교사를 잘 못해 낼까 봐 두려운 게냐? 허허허. 걱정하지 말거라."

아버지는 오바마의 마음도 모른 채 껄껄 웃었어요. 오바마는 속으로 생각했어요.

'이제 난 끝이야. 친구들의 놀림감이 되는 건 시간문제라고.'

오바마는 어깨에 힘이 쭉 빠진 채 아버지와 함께 학교에 갔어요. 학교에 도착하자 담임선생님이 아버지를 반갑게 맞아 주었어요.

"자, 여러분. 오바마의 아버지를 소개할게요. 여러분께 아주 좋은 말씀을 많이 해 주실 거예요."

 선생님의 소개가 끝나자 아이들은 박수를 보내며 모두 오바마를 쳐다보았어요. 오바마는 두 눈을 질끈 감아 버렸어요. 오바마 아버지의 수업을 듣기 위해 옆 반의 선생님과 아이들까지 교실에 들어와 있었거든요. 오바마는 쥐구멍이라도 있다면 숨어 버리고 싶은 심정이었어요.

 "여러분, 안녕하세요. 전 버락 오바마 시니어입니다. 전 케냐의 루오족 출신이며, 빅토리아 호 주변의 알레고리라는 곳에서 태어났어요. 아프리카라고 하면 넓은 초원과 야생동물들이 떠오르겠지만, 저도 여러분과 똑같이 학교에서 공부를 했답니다. 장학금까지 받으면서요."

 오바마 아버지의 재치 있는 말에 선생님과 학생들은 웃음을 터뜨렸어요. 오바마는 주위를 살피며 살며시 고개를 들었어요. 아버지는 분명하고 강한 어조로 이야기를 이끌어 가고 있었어요.

 "케냐는 무척 아름다운 곳입니다. 하지만 오래 전부터 영국의 지배를 받아 왔어요. 난 케냐가 독립하길 원했습니다. 내가 청소년기를 보낼 무렵, 그런 생각은 더욱 확고해졌지요."

 오바마는 다른 친구들과 마찬가지로 아버지의 이야기 속으로 빨려 들어가고 있었어요. 아버지 역시 자신과 마찬가지로 여러 가지 혼란 속에서 학창 시절을 보냈다고 생각하니, 어쩐지 아버지의 마음을 모두 이해할 수 있을 것만 같았어요. 아버지는 케냐가 70여 년 동안이

어머니는 오바마를 지탱해 준 힘이었어요. 어머니 스탠리 앤 더넘 소에토로의 품에서 방긋 웃고 있는 어린 아이 때의 오바마.

나 영국의 지배를 받으며 겪어야 했던 수많은 고통에 대해 비장한 어조로 이야기했어요. 케냐의 독립을 간절히 원하는 사람들에 의해 결국 케냐가 독립을 하게 되었다는 이야기를 했을 때, 선생님과 아이들은 다 같이 탄성을 내질렀지요.

  오바마는 자신도 모르게 어깨가 으쓱해지는 것을 느꼈어요. 한편으로는 아버지의 강한 신념에 대해 존경심이 들기도 했지요. 친구들도 아버지의 이야기에 집중하며 감동을 받는 표정이었어요. 그 순간, 오바마의 머릿속에는 한 가지 생각이 스쳐 지나갔어요.

'이렇게 백인과 흑인의 차별 없이, 다 같이 감동할 수 있구나! 우리의 마음은 지금 하나가 된 거야.'

아버지는 루오족에 대한 이야기도 꺼냈어요. 루오족이 가지고 있었던 여러 가지 문화와 관습들, 그리고 다른 부족에 대한 이야기도 재미나게 들려주었어요. 친구들은 아버지의 이야기가 신기한 듯 눈을 빛내며 이야기를 경청했어요. 아버지의 이야기는 사람들을 휘어잡는 신비한 힘이 있었지요. 오바마가 자신도 아버지처럼 훌륭하게 연설을 하는 사람이 되고 싶다는 생각을 할 무렵, 아버지의 이야기가 끝났어요.

"와! 감사합니다."

선생님과 친구들은 탄성을 지르며 힘찬 박수를 보냈어요. 주위 친구들은 오바마에게 한마디씩 던졌지요.

"오바마. 네 아버지는 정말 훌륭한 분이구나. 너무 멋진 수업이었어."

"네 할아버지가 용맹한 추장이란 말은 거짓이 아닌 것 같아."

"네 아버지 정말 끝내준다. 정말 멋있어."

친구들은 하나같이 아버지를 추켜세웠어요. 심지어 오바마를 식인종의 나라에서 온 미개인이라고 놀렸던 친구조차 오바마에게 악수를 청할 정도였지요. 오바마의 가슴속에는 아버지에 대한 자부심이 가득 찼어요.

이날의 일을 계기로 오바마의 마음속에는 새로운 희망이 솟았어요.

그것은 흑인과 백인이 서로 한마음이 되어 행복하게 더불어 살아가는 세상에 대한 꿈이었어요. 아버지가 수업을 했던 하루 동안 피부색이나 인종 차별의 벽을 전혀 느낄 수 없었던 것처럼, 이 세상도 그렇게 될 수 있다는 희망을 갖게 된 거예요. 이렇게 태어나서 처음으로 만난 아버지와 보낸 한 달은 오바마의 인생에 아주 소중한 추억으로 간직되었답니다.

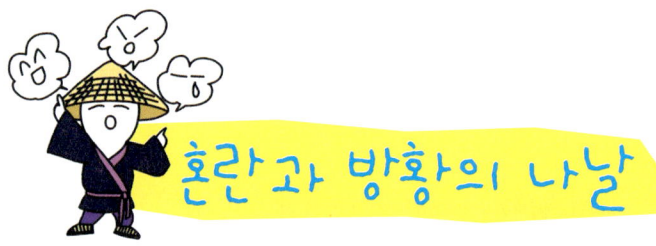

혼란과 방황의 나날

어느덧 한 달이 지나고 아버지가 고향으로 떠날 때가 되었어요. 하와이 호놀룰루 공항에서 아버지와 오바마는 이별의 인사를 했어요. 아버지는 오바마에게 크리스마스 선물로 받은 넥타이를 매고 있었어요. 아버지는 아들의 머리를 쓰다듬으며 말했어요.

"버락 오바마. 넌 누가 뭐래도 내 아들이다. 케냐 루오족의 피를 물려받았어. 언제나 자신 있고 당당하게 너의 꿈을 펼치거라. 알겠니?"

오바마는 고개를 끄덕였어요. 하지만 한 달의 시간은 오바마에게 너무 짧았어요. 아버지란 존재를 실감하기도 전에 이별을 겪어야 했으니까요.

아버지가 떠난 후로 오바마는 부쩍 우울해졌어요. 어려서부터 어머니에게 받아 온 미국식 교육과 인도네시아의 문화, 거기에 아버지의 고향인 케냐의 문화가 더해지면서 혼란을 겪기 시작한 거예요. 오바마는 자기 자신에게 끊임없이 질문을 던져야 했어요.

'오바마. 넌 흑인이냐, 백인이냐? 넌 대체 어느 나라 사람이지? 너의 고향이 케냐라면 넌 왜 하와이에서 살고 있는 거지?'

오바마는 점점 더 말수가 적은 아이가 되었어요. 마음속으로 늘 치열한 전쟁을 치러야만 했지요. 하지만 오바마는 친구들에게 자신의 갈등을 이야기하진 않았어요. 오히려 푸나호우의 친구들은 오바마가 활달하고 적극적으로 학교생활을 하고 있다고 여겼어요.

그 당시, 오바마의 생활에도 변화가 생겼어요. 어머니가 새아버지와 이혼을 하고 여동생 마야와 함께 하와이로 오게 된 거예요. 오바마는 외할아버지의 집에서 나와 어머니, 여동생과 함께 작은 아파트에서 살게 되었어요. 하지만 형편은 그리 넉넉하지 않았어요.

그렇게 3년이 흘렀어요. 오바마는 여전히 많은 갈등을 안은 채 학교생활을 하고 있었어요. 그때 오바마에게 또 한 번의 이별이 찾아왔어요.

"배리, 아무래도 엄마는 인도네시아로 다시 가야 할 것만 같구나."

"네? 이젠 계속 엄마랑 같이 살 수 있을 줄 알았는데……."

"엄마도 지금 하고 있는 공부를 그만둘 순 없잖니. 엄마 생각엔 너와 마야가 함께 갔으면 하는데. 인도네시아의 국제학교에 너희를 입

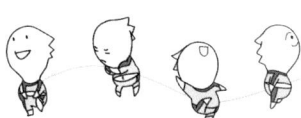

학시키고 싶구나."

"전 가지 않을래요."

오바마는 단호한 목소리로 이야기했어요. 예상치 못한 오바마의 태도에 어머니는 깜짝 놀랐어요.

"오바마. 그곳 학교도 이곳 못지않게 좋아."

"더 이상 새로운 생활에 적응하느라 시간을 허비하지 않을 거예요. 그렇지 않아도 전 지금 힘들다고요!"

오바마는 자신을 계속 낯선 세계로 밀어 넣는 어머니가 원망스러웠어요. 어머니와 계속 살고 싶긴 했지만, 또다시 인도네시아에 가서 새로운 학교와 환경에 적응하는 과정을 거치고 싶지 않았어요.

"엄마, 오바마가 인도네시아로 가고 싶지 않대요. 이곳에서 다시 학교를 다녀야 할 것 같아요."

오바마의 어머니가 걱정스러운 표정으로 말했어요. 외할머니는 딸의 어깨를 두드리며 손자를 맡겠노라고 이야기했어요.

"얘야, 오바마는 걱정 말거라. 그 아이도 이제 다 컸어. 너도 네 인생을 살아야 하잖니."

이렇게 하여 오바마는 외할아버지, 외할머니와 다시 살게 되었어요.

엄마와 여동생이 인도네시아로 떠난 뒤, 오바마의 마음에는 알 수 없는 쓸쓸함이 밀려오곤 했어요.

'내 곁엔 아무도 없어. 왜 난 부모님과 함께 살 수 없는 거지? 대체 난 누구란 말인가.'

아버지가 떠난 후 오바마는
내성적이고 반항적인 청소년으로 변했어요.
자신의 현실을 잊기 위해
오바마는 친구들과 어울리며 방황을 했어요.
어머니는 오바마가 힘든 시기를 겪자,
희망을 잃지 않도록 편지를 보내기 시작했어요.

엄마~
죄송해요.
제가 인생을
낭비했어요.

오바마는 자신의 정체성을 찾고 싶었어요. 하지만 아프리카계 흑백 혼혈 미국인이라는 독특한 출신 성분을 가진 아이는 주위에서 찾아볼 수 없었어요. 게다가 아빠, 엄마도 없이 외할아버지, 외할머니와 사는 흑인 소년을 보는 주위의 시선이 그리 곱지 않았어요.

답답하고 외로워진 오바마는 친구들과 어울려 술을 마시고 이곳저곳을 쏘다니며 놀기 시작했어요. 자신의 갈등을 해결하기보다는 일단 피하고 싶은 마음뿐이었어요. 공부도 뒷전으로 미뤄 둔 채, 하루 종일 친구들과 어울려 시간을 의미 없이 흘려보냈지요. 오바마는 불량 청소년으로 변해 가고 있었어요. 자신이 흑인이란 사실도 인정할 수 없었고, 자신이 할 수 있는 일은 하나도 없는 것 같았지요.

인도네시아에서 오바마의 소식을 들은 어머니는 가슴이 무너지는 것 같았어요. 어머니는 매일 오바마에게 편지를 썼어요.

'오바마, 네 아픈 마음을 난 이해한단다. 너의 모습을 생각하니 내 마음이 너무나 아프구나.'

어머니의 편지를 받은 오바마의 마음도 아픈 건 마찬가지였어요. 하지만 방황은 쉽게 끝나지 않았어요.

어머니는 지치지 않고 계속하여 오바마에게 편지를 보냈어요. 자신이 아들을 놔둔 채 인도네시아에 와서 일을 해야 하는 이유와 그곳 생활에 대해서도 자세히 이야기했어요. 또한 오바마의 쓸쓸하고 아픈 마음을 계속 위로해 주었어요. 때론 엄하게, 때론 따뜻하게 쓰인 엄마의 편지를 보며 오바마의 마음도 서서히 누그러지고 있었지요.

어느 날, 오바마는 또다시 날아온 엄마의 편지를 보며 심각한 고민에 빠지게 되었어요.

'오바마, 선택은 너에게 달렸다. 네가 불량 청소년이 되어 마약이나 술에 취해 사는 것도 너의 자유다. 대신 그 행동에 따른 결과도 네가 책임져야 한다. 그게 싫다면 세상을 상대로 맞서거라. 네 자신을 믿어야만 해. 넌 할 수 있다. 너는 엄마의 아들이니까. 엄마는 네 선택을 존중하겠지만, 네가 올바른 선택을 하길 진심으로 바란단다.'

엄마의 편지를 받은 오바마의 마음은 심하게 흔들렸어요. 비록 친구들과 어울려 방황하고 다녔지만, 그런 행동이 늘 즐거운 것만은 아니었으니까요. 오바마는 불량 청소년에 술이나 마시고 다니는 형편없는 모습이 되어 버린 자신을 되돌아보며, 어머니를 떠올렸어요.

'엄마, 제가 철이 없었어요. 제가 잘못했어요. 엄마 말씀대로 전 제 인생을 위해 올바른 선택을 할 거예요. 더 이상 제 출신 때문에 갈등하거나 고민하지 않을 거예요. 전 버락 오바마일 뿐이니까요.'

누구나 청소년기가 되면 자기 정체성에 대한 혼란을 겪게 되지요. 오바마 역시 다르지 않았어요. 오히려 평범한 아이들보다 더 혹독한 청소년기를 보내야 했지요. 하지만 오바마는 결국 올바른 길을 선택하고 세상에 당당하게 나서기로 했어요. 방황하는 오바마를 잡아 준 사람은 어머니였지만, 오바마 자신을 제대로 일으켜 세운 것은 바로 오바마 자신이었답니다. 자기 인생에 대한 선택은 오바마의 몫이었으니까요.

농구로 이겨 내다

　오바마가 긴 방황을 끝내고 제자리로 돌아오는 데는 또 다른 친구의 도움이 무척 컸어요. 그것은 바로 농구였어요.

　오바마가 농구를 즐기게 된 것은 바로 아버지가 크리스마스 선물로 농구공을 주면서부터였어요. 시간이 날 때마다 동네 놀이터에서 농구를 하며 땀을 흠뻑 흘리고 나면 몸과 마음이 개운해졌지요. 재미로 시작한 농구이지만 나중엔 실력이 부쩍 늘어 고등학교 시절 농구 선수로 활약했을 정도였어요.

　오바마가 농구를 좋아한 이유는 또 있었어요. 농구를 하는 동안에는 흑인과 백인의 차이도, 출신 성분이나 문화의 차이도 느낄 수 없다는 거예요. 경기장에서는 누구에게나 공평하고 공정한 규칙이 적용되었어요. 오바마는 그 점이 무척 마음에 들었어요.

　어머니의 편지를 받은 이후로 오바마는 잠시 구석에 버려두었던 농구공을 다시 들고 농구 코트로 나갔어요.

　'농구를 하는 이 순간, 이 장소에서는 어느 누구도 날 차별하지 않아. 여기에 서 있는 동안 나는 내가 어디에 있는지, 내가 누구인지 가장 잘 알 수 있어.'

　오바마는 농구 골대를 향해 있는 힘껏 공을 던졌어요. 공은 긴 포물선을 그리며 날아가 바스켓을 정확하게 통과했어요. 오바마의 머릿

오바마는 농구에 열중하며, 길고 긴 방황을 끝냈답니다. 대통령이 된 지금도 오바마의 농구 사랑은 변함없지요.

속에 환호하는 관중들의 모습이 떠올랐어요.

'오바마 선수, 3점을 올렸습니다. 정말 대단한 선수예요!'

오바마는 농구공을 들고 미친 듯이 농구 코트를 누볐어요. 온몸이 땀으로 뒤범벅이 되었을 즈음, 오바마는 마음이 홀가분해진 것을 느꼈어요.

오바마는 그날 이후, 시간이 날 때마다 농구 연습에 몰두했어요. 방황했던 자기 자신을 추스르며 열심히 뛰고 또 뛰었지요. 농구는 오바마를 한층 더 자신감이 넘치는 씩씩한 젊은이로 만들었어요.

고등학생이 되어 농구부에 들어간 오바마는 '폭격기 배리'로 불릴 만큼 탁월한 실력을 갖추게 되었어요. 끊임없이 장거리 슛을 연습한 덕분이었어요. 처음에는 주전으로 뛸 만큼의 실력이 아니었지만, 결국 끈질긴 연습 끝에 최고의 선수로 거듭난 그를 보며 농구부의 코치도 혀를 내둘렀어요.

"우리 팀은 주에서 최고라고 할 만큼 막강했어요. 그 안에서도 오바마는 탁월했지요. 오바마는 연습벌레였어요. 어느 누구도 그의 연습량을 따라오지 못할 정도였으니까요. 결국 그는 최고의 자리까지 오르게 된 거예요."

오바마는 불안한 청소년기를 그렇게 이겨 냈어요. 운동을 통해 자신의 에너지를 마음껏 발산했지요. 또한 농구 코트 안에서는 누구나 평등하다는 점을 느끼며 더 이상 외톨이나 이방인으로 지내지 않겠다고 다짐했어요. 농구가 그의 잃어버린 자존심까지 되찾아 준 셈이었죠. 그는 두 번 다시 방황하며 자신을 속이는 일은 하지 않겠다고 마음먹었답니다.

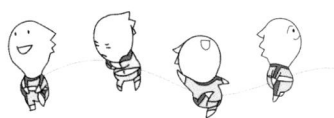

버락 오바마의 청년기

대학에서 정치학을 전공하고 기업에서 근무하던 오바마는
가난한 사람들의 비참한 생활환경을 보면서
시민운동가로 활동하게 됩니다.
사회문제를 근본적으로 해결하기 위해
하버드 대학교 법학대학원에서 법률을 새롭게 공부하지요.
혼자 잘 살기보다는 주위 사람들이 함께 행복해지길 원했던 오바마는
드디어 꿈을 향해 새로운 도약을 해요.
오바마가 청년 시절에 가졌던 꿈과 이상을 만나 보세요.

생애 첫 연설

방황을 끝내고 정상적인 생활로 돌아온 오바마는 고등학교를 무사히 마치게 되었어요. 고등학교 졸업 후 그는 캘리포니아 주의 로스앤젤레스에 있는 옥시덴탈 대학에 입학했어요. 대학에 입학한 오바마의 마음은 한껏 부풀어 올랐어요.

옥시덴탈 대학은 좋은 학교였어요. 흑인 친구들도 많았고, 자유로운 동아리 활동도 가능했지요. 오바마는 마음에 맞는 친구들과 함께 모여 다양한 활동을 했어요. 오바마는 시간이 지나면서 대학 내의 정치 활동에도 관심을 갖기 시작했어요.

그러던 어느 날이었어요. 같은 모임에서 활동하는 친구 한 명이 오바마에게 다가와 물었어요.

"오바마, 투자철회운동에 대한 소식 들었어?"

"어. 들었어."

"우린 네가 이 문제에 대해 어떻게 생각하고 있는지 알고 싶어."

"어떻게 생각하다니. 난 당연히 이 운동이 정당하다고 생각해. 남아프리카공화국에서는 아직도 인종 차별이 심하게 일어나고 있잖아! 미국 기업들이 남아프리카공화국에서 모두 철수하도록 우리가 앞장서야만 해."

"그럴 줄 알았어. 오바마, 아무래도 네가 연설을 하는 게 좋겠어."

오바마는 연설을 통해 자신의 꿈과 진실을 많은 사람들에게 전했어요.

"연설이라고?"

"응. 집회를 열어 다른 학생들에게 이 문제를 알려야 하는데, 아무래도 누군가 연설을 하는 게 좋을 것 같아."

연설을 하는 것이 좋겠다는 친구의 말을 듣는 순간, 오바마의 가슴 속 깊은 곳에서 아버지의 목소리가 울려 퍼졌어요. 일일 교사가 된 아버지가 학생들에게 당당하게 이야기하던 바로 그 목소리였어요.

"좋아. 내가 한번 해 볼게."

오바마는 흔쾌히 그 제안을 받아들였어요. 다른 사람들에게 자신의 주장을 펼친다고 생각하는 것만으로도 자신감이 불끈 솟는 것 같았어요. 그날 이후 오바마는 연설 준비를 시작했어요. 집회가 열리는 장소와 시간이 인쇄된 종이를 여기저기 뿌리며 열심히 홍보를 했지요. 자신과 의견이 다른 학생들을 만나 그들의 주장에 귀를 기울이기도 하고, 자신의 생각을 논리적으로 주장하기도 했어요.

드디어 연설을 하기로 한 날이 다가왔어요. 그날 오바마가 연설하기로 한 시간은 겨우 1분에 불과했어요. 1분 동안 연설을 한 뒤 무대에서 끌려 나오는 상황을 만들기로 미리 각본을 짜 놓았기 때문이에요. 그래야만 학생들의 관심을 끌 수 있으리라는 치밀한 계획 아래 나온 시나리오였지요.

오바마는 떨리는 마음으로 연단에 올라섰어요. 열심히 홍보를 했지만, 집회 장소에 모인 학생들은 그리 많지 않았어요. 오바마는 마이크의 볼륨을 올린 뒤 큰 소리로 외쳤어요.

"바로 지금, 누군가는 계속 싸우고 있습니다!"

연설을 시작한다는 신호도 없이 오바마는 바로 청중을 향해 그렇게 외쳤어요. 많은 사람들이 깜짝 놀라 오바마 쪽으로 시선을 돌렸어요. 오바마는 다시 한 번 큰 소리로 외쳤어요.

"누군가는 지금도 싸우고 있습니다!!"

오바마의 힘찬 외침에 많은 학생들이 모여들기 시작했어요. 오바마는 이때를 놓치지 않고 연설을 시작했어요.

"여러분. 알고 계십니까. 지금도 저 바다 건너편에서는 투쟁이 계속되고 있습니다. 그 투쟁은 우리가 알든 모르든 계속되고 있고, 우리는 원하든 원하지 않든 선택을 해야만 합니다. 그것은 단순히 흑인 편이냐 백인 편이냐의 문제가 아닙니다. 부자 편이냐 가난한 사람 편이냐의 문제도 아닙니다."

거침없이 말을 이어가는 오바마의 당당함에 많은 학생들이 놀라운 시선을 보냈어요. 오바마는 이미 청중을 휘어잡고 있었어요.

"우리는 쉽지 않은 선택을 해야만 합니다. 그것은 바로 존엄이냐 복종이냐, 혹은 실천이냐 외면이냐의 문제이기 때문입니다. 여러분! 정의입니까, 불의입니까?"

오바마의 외침이 끝나자, 순간 집회장에는 고요한 침묵이 맴돌았어요. 그곳에 모인 많은 사람들이 짧지만 강렬한 오바마의 연설에 감동을 받았기 때문이에요. 얼마 후 오바마를 향해 우레와 같은 박수가 쏟아졌어요. 사람들의 박수 소리에 오바마는 깜짝 놀랐어요.

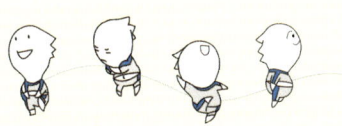

오바마가 처음으로 연설을 했던 옥시덴탈 대학교의 모습.

'사람들이 나를 향해 박수를 치고 있다. 내가 여기 모인 사람들의 마음을 움직였단 말인가?'

하지만 이런 생각도 잠시, 오바마는 각본대로 친구들의 손에 이끌려 연단에서 내려왔어요. 이어 다른 친구가 연단에 올라가 열변을 토하기 시작했어요. 하지만 모든 상황은 거기서 끝이 나고 말았어요. 오바마가 끌려 내려오자 그곳에 모였던 사람들이 각자 자신의 갈 길을 따라 모두 뿔뿔이 흩어져 버렸기 때문이에요.

그날 저녁, 오바마와 친구들은 자신들만의 자축 파티를 열었어요.

"오바마! 오늘 네 연설은 정말 대단했어. 난 정말 감동해 버렸다니까."

"맞아. 사람들의 박수 소리 들었지? 모두 네 연설을 더 듣고 싶어 했어. 거기서 끝내 버린 게 아쉬웠지."

친구들은 하나같이 오바마의 연설에 대해 입이 마르도록 칭찬을 했어요. 짧은 1분의 연설이었지만, 오바마의 연설은 친구들에게도 강력한 인상을 심어 주기에 충분했지요.

"하지만 사람들이 금세 다 흩어져 버렸잖아. 우리의 계획은 실패였어. 난 다시는 연설 같은 건 하지 않을 거야. 몇 마디 말로 사람들을 변화시킬 수 있다고 생각한 건 나의 착각이었어."

"넌 정말 착각을 하고 있구나, 오바마."

"뭐라고?"

"오바마. 오늘 네가 한 연설의 내용이 뭐였다고 생각하니?"

"그거야 투자철회운동에 대한 나의 주장이었지."

"맞아. 오늘 연설은 너의 이야기였지. 너의 생각, 네 마음을 전달하고자 한 거였지?"

"그래, 맞아."

"오바마. 사람들이 너의 생각에 대해 얼마나 관심이 있을 것 같니?"

친구의 말을 듣는 순간, 오바마는 뒤통수를 한 대 맞은 것처럼 정신이 번쩍 들었어요. 친구는 오바마에게 말했어요.

"사람들은 다른 사람의 생각에 별로 관심이 없어. 중요한 건 자신들의 이야기야. 사람들은 너의 이야기보다 자신들이 필요로 하는 것에 대한 이야기를 듣고 싶어 한다고."

친구의 말에 오바마는 저절로 고개가 끄덕여졌어요. 그리고 자신이 얼마나 큰 착각 속에 빠져 있는지 깨달았어요. 오바마는 연설을 준비하면서 투자철회운동에 대한 자신의 생각을 어떻게 전달해야 할까만 고민했기 때문이에요.

"네 말이 맞아. 난 너무 이기적이었어."

"아냐, 오바마. 오늘 너의 연설은 아주 솔직하고 감동적이었어. 하지만 많은 사람들을 네 편으로 끌어들이려면 그들을 위한 이야기가 필요하다고 생각해."

오바마는 친구의 말에 커다란 깨우침을 얻었어요. 그리고 자신이 옳다고 생각하는 일을 여러 사람과 어떻게 나눌 수 있을까에 대해 더 깊이 고민하기 시작했어요. 흑인 문제를 자기 자신만의 문제가 아닌,

사회 전체의 문제로 바라볼 수 있어야 한다는 사실도 깨달았지요.

오바마는 짧은 연설을 통해 자신에게 언어적인 재능이 있음을 깨달았어요. 하지만 시간이 지나면서 나와 타인을 하나로 묶는 더 중요한 진실이 있다는 것을 깨닫게 되었지요. 오바마가 이런 깨달음을 얻게 된 것은 주위 사람들의 진심 어린 충고를 받아들일 줄 아는, 열린 마음이 있었기 때문이에요. 오바마는 생애 첫 연설을 계기로 자신의 틀 안에서 벗어나 사회로 나아갈 수 있게 되었답니다.

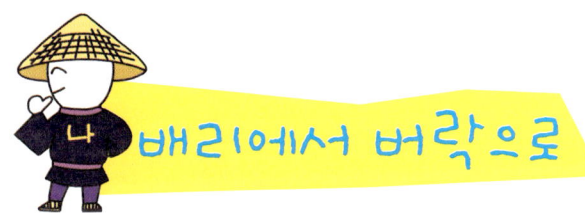

나 배리에서 버락으로

옥시덴탈 대학에서 2년 동안 공부를 마친 오바마는 새로운 결심을 했어요. 로스앤젤레스를 떠나 뉴욕으로 가기로 결정한 거예요. 오바마는 뉴욕에 있는 컬럼비아 대학교에서 공부를 계속하기로 했어요.

오바마는 좀 더 넓은 세상에서 많은 사람들을 만나고 싶었고, 자기 자신을 변화시키고 싶었어요. 그러기 위해서는 자신의 생활환경부터 바꿔야 한다고 생각했어요.

컬럼비아 대학교에서 새롭게 공부를 시작한 오바마는 자신의 생활

뉴욕에 있는 컬럼비아대학으로 진학한 오바마는
규칙적으로 운동하고, 많은 책을 읽었어요.

습관을 규칙적이면서 엄격하게 바꿔 나갔어요. 매일 정해진 시간에 꾸준히 운동을 하기 시작했고, 일요일에는 철저하게 금식을 했어요. 시간이 날 때마다 도서관으로 달려가 많은 책을 읽었고, 뉴욕 여기저기를 돌아다니며 많은 사람들을 만나고 대화했어요. 학비를 벌어 공부해야 할 만큼 형편이 넉넉하진 않았지만, 오바마는 모든 것이 유쾌하고 즐겁기만 했어요. 달라진 점은 또 있었어요.

"버락 오바마! 너 또 도서관에 가는 거야?"

오바마와 마주친 친구들이 말했어요. 오바마는 웃으며 대답했어요.

"그래. 이번 주에는 아무래도 너희를 만날 시간이 없을 것 같아."

뉴욕에서는 아무도 오바마를 '배리'라고 부르지 않았어요. 오바마는 뉴욕에서 생활하게 된 이후로 항상 자신을 '버락 오바마'로 소개했어요. 오바마가 자신을 이렇게 소개하기 시작한 것은 그의 마음에 변화가 있었기 때문이에요. 바로 자기 자신을 흑인으로 인정하기 시작한 거예요. 자신의 정체성을 바로잡으면서 가장 먼저 아버지가 지어 준 자신의 이름을 인정하기 시작한 것이지요.

"이번 토론 시간에도 오바마가 칭찬을 가장 많이 받았다면서?"

"맞아. 어찌나 열심히 준비해 왔는지, 그의 말을 당해 낼 수가 없었다니까."

"오바마는 정말 침착한 것 같아. 토론 시간에는 항상 돋보인다고."

"어디 그뿐이야. 그는 정말 세상을 넓게 볼 줄 알잖아."

또래의 학생들은 하나같이 오바마를 칭찬했어요.

오바마는 새롭게 태어난 사람 같았어요. 자신이 정한 규칙대로 생활하면서, 언제나 성실하고 모범적인 학생의 자세를 잃지 않았어요. 주변의 모든 사람들도 오바마의 노력을 인정할 정도였어요. 오바마는 시간이 지날수록 훌륭한 청년의 모습을 갖춰 나갔답니다.

그러던 어느 날이었어요. 오바마에게 청천벽력 같은 소식이 전해졌어요.

"오바마! 아버지가 교통사고로 돌아가셨어."

그가 스물한 살이 되던 해에 아버지가 사고로 돌아가셨다는 소식이 전해진 거예요. 오바마는 갑자기 눈앞이 아득해졌어요. 비록 같이 살

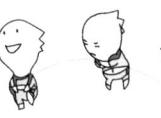

지는 못했지만, 오바마를 지탱해 주고 있는 가장 큰 힘 중의 하나가 바로 아버지였기 때문이에요. 오바마는 소식을 들은 즉시 어머니에게 전화를 걸었어요.

"어머니. 소식 들으셨나요? 아버지가 교통사고로 돌아가셨대요!"
"뭐라고? 그게 정말이니?"
어머니는 더 이상 말을 잇지 못하고 흐느껴 울기 시작했어요. 오바마는 수화기 너머로 들려오는 어머니의 울음소리를 들으며, 함께 울음을 터뜨리고 말았어요.

아버지의 장례식 날까지 오바마는 슬픔으로 하루하루를 보내야 했

어요. 비록 한 달의 짧은 시간을 같이한 아버지였지만, 오바마에게 남아 있는 아버지와의 추억은 너무나 소중한 것들이었어요. 그는 침대 밑에 넣어 두었던 커다란 상자 하나를 꺼냈어요. 그 상자에는 아버지와의 추억이 고스란히 들어 있었어요.

'이건 아버지가 선물로 주셨던 농구공이지. 이건 아버지가 내게 주셨던 편지들…… 그리고 이건 아버지가 떠나는 날 주셨던 재즈 음악 시디들……. 아, 아버지. 다시 한 번 볼 수 있었다면 얼마나 좋았을까요.'

오바마의 눈에서는 하염없이 눈물이 흘러내렸어요.

한참 눈물을 흘리던 오바마는 아버지가 남긴 물건들을 보며 이렇게 생각했어요.

'아버지. 전 아버지가 꾸었던 꿈을 현실로 이루고 싶어요. 분명히 피부색이나 돈에 따라 차별을 받지 않는 세상을 만들 수 있을 거예요. 분노와 절망을 넘어 우리를 하나로 묶어 주는 그 무엇이 있을 거예요. 전 그걸 찾아낼 거예요.'

결국, 오바마는 그 해답을 찾아냈어요. 그것은 바로 '공동체'였어요. 오바마는 자신이 꿈꾸는 세상을 만들기 위해 자신과 뜻을 같이하는 사람들이 모여 함께 일하고 싸울 수 있는 공동체를 만들어야겠다고 생각했어요. 그리고 그런 공동체를 만들기 위해 가장 먼저 자신이 살고 있는 지역의 사회운동가가 되기로 마음먹었어요. 대학 졸업을 앞둔 1983년, 그렇게 오바마는 자신의 미래를 결정하게 되었답니다.

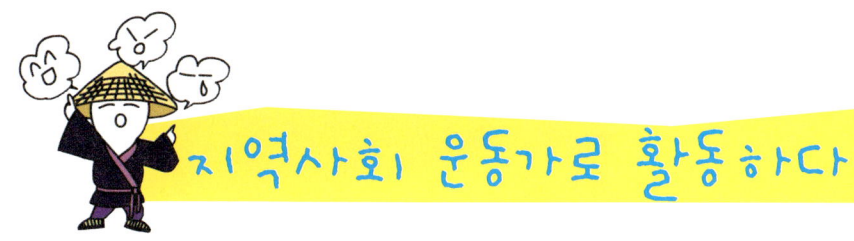

지역사회 운동가로 활동하다

　대학을 졸업한 오바마는 지역사회 운동가로 활동하기 위해 여러 단체에 편지를 보냈어요. 하지만 갓 대학을 졸업한 청년을 선뜻 받아 주겠다는 사회단체는 한 군데도 없었지요. 그럼에도 오바마는 조급해 하지 않았어요. 자신이 가야 할 길을 결정했지만, 그 길이 결코 쉽지만은 않을 것이란 사실을 알고 있었기 때문이에요.

　오바마는 우선 자신이 원하는 일자리를 얻기 전까지 일반 회사에 들어가 돈을 벌기로 했어요. 학자금 대출도 갚아야 했고, 아파트 관리비도 내야 했으니까요. 오바마를 원하는 사회단체는 없었지만, 컨설팅 회사의 연구원으로는 쉽게 취직할 수 있었어요.

　오바마는 오래 지나지 않아 회사 내에서 개인 사무실과 비서를 둔 재무설계사로 승진을 했어요. 그의 능력을 인정했기 때문이에요. 시간이 지나면서 그는 경제적인 안정을 이루기 시작했어요. 또한 회사 내에서의 평가도 우수했기 때문에, 여기저기에서 그와 함께 일하길 원했어요. 상황이 이렇게 되자 오바마가 애초에 품었던 꿈은 조금씩 멀어지는 것 같았어요.

　그러던 어느 날, 오바마에게 한 통의 전화가 걸려 왔어요. 그의 배다른 누나인 아우마였어요.

　"정말 미안해, 배리. 아무래도 널 보러 갈 수 없을 것 같아."

하버드 로스쿨을 졸업하고 지역사회 운동을 하기 위해 시카고에서 활동하던 무렵의 청년 오바마.

"왜? 얼마 전까지만 해도 올 수 있다고 했잖아."

"배리. 네 동생 데이비드가 오토바이 사고로 죽었대. 케냐로 돌아가야 할 것 같아."

아우마 누나와 데이비드는 비록 다른 어머니에게서 태어났지만, 같은 아버지의 핏줄을 이어받은 형제였어요. 아우마 누나의 울먹이는 목소리에 오바마는 다시 한 번 충격에 휩싸이고 말았어요.

'그들은 분명히 나와 피를 나눈 형제다. 그런데 난 여기서 나 혼자 잘 먹고 잘 살고 있었다. 난 그들에게 무엇인가? 내 형제조차 챙기지

못하면서 내가 과연 누구를 위해 일할 수 있단 말인가?'

오바마는 심한 자책감을 느끼기 시작했어요. 그와 동시에 자신이 지역사회 운동가로 활동하고자 했던 꿈이 떠올랐어요. 그는 분명히 자신과 같은 처지의 사람들을 위해 자신의 인생을 바치겠다고 다짐했어요. 하지만 그동안 현실의 안락함에 묻혀 자신의 형제조차 제대로 바라보지 못하고 살았다는 사실을 깨달은 거예요.

얼마 후, 오바마는 자신이 다니던 회사에 사직서를 냈어요. 그리고 지역사회 운동가가 되기 위해 다시 한 번 도전하기로 굳게 마음먹었어요. 하지만 그 일은 역시 생각처럼 쉽지 않았어요. 수많은 민간단체들을 찾아다녔지만, 그가 일할 수 있는 자리는 생각처럼 많지 않았기 때문이에요. 하지만 오바마는 포기하지 않았어요.

그러던 어느 날, 드디어 오바마에게 일자리를 주겠다는 제안이 들어왔어요. 마티카우프먼이라는 백인이 담당하고 있는 시카고의 단체였어요.

"버락 오바마라고 했나요? 그런데 당신은 왜 잘나가던 회사를 때려치웠나요? 대체 그렇게 유능한 사람이 왜 지역사회 운동가가 되려는 거죠?"

담당자의 퉁명스러운 질문에 오바마는 당황했어요. 하지만 조용히 담당자의 말을 계속 듣고 있었어요.

"시카고가 어떤 도시인지는 알고 있나요? 당신이 개인적인 분노 때문에 일시적으로 이 일을 하는 거라면……."

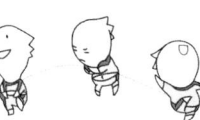

"일시적인 감정으로 내 인생을 결정하진 않습니다. 시카고는 좋은 도시라고 알고 있습니다. 그와 동시에 미국에서 인종 차별 의식이 가장 높은 도시이기도 하지요."

오바마의 단호한 어조에 담당자는 깜짝 놀랐어요. 그리고 이내 그의 마음이 진실임을 인정했어요. 그렇게 오바마는 시카고에서 지역사회 운동가로 첫발을 내딛게 되었답니다.

시카고에서 지역사회 운동가로 일을 시작한 오바마는 열정적이고 적극적인 태도를 취했어요. 그가 맨 처음 맡은 일은 위스콘신 철강 공장의 폐업으로 인해 타격을 받은 흑인 거주 지역을 관리하는 것이었어요.

철강 공장이 있던 지역에 살던 사람들은 대부분 공장에서 일하는 노동자 가정이었어요. 그들은 철강 공장과 함께 자신의 꿈과 미래를 키워 나갔지요. 하지만 공장이 문을 닫게 되면서, 그 지역에 살던 많은 이들은 일자리를 잃음과 동시에 자신의 꿈과 미래도 함께 잃고 말았어요. 실업자가 갑자기 늘어났지만, 그 지역에 대한 아무런 대책도 마련되어 있지 않았어요. 사람들은 아이들을 학교에 보내지 못해 방치한 채로 일자리를 찾아 헤매 다녔어요. 사람들의 얼굴에서는 웃음이 사라졌고, 불평과 불만이 가득한 사람들만 남게 되었죠.

오바마는 바로 이 지역의 주민들을 좀 더 나은 상황으로 만드는 일을 맡게 되었어요. 오바마는 지역을 돌아다니며 주민들을 직접 만나

오바마의 정치적 기반이었던
시카고의 전경.

고 대화했어요. 불만이 가득한 채로 가만히 있다면 아무것도 나아지지 않고, 변화될 수 없다고 사람들을 설득했지요. 하지만 사람들의 고통과 불만은 생각보다 골이 깊었고, 오바마는 이들을 설득해 낼 수 없었어요. 첫 번째로 시작한 이 일에서 오바마는 큰 깨달음을 얻었어요.

'내가 첫 번째 연설을 했던 때와 똑같아. 내가 아무리 변해야 한다고 외쳐도, 그들은 그 필요성에 대해 공감하지 못하고 있어. 좀 더 현실적으로 타협 가능한 문제들을 가지고 주민들을 설득해야 해. 그러지 못하면 그들은 절대 움직이지 않을 거야.'

비록 주민들을 모두 설득해 내지 못했지만, 오바마는 지치지 않고 사람들을 만났어요. 사람들의 머릿속에는 차츰차츰 성실하고 열심히 자신들을 위해 뛰어다니는 '버락 오바마'라는 청년의 모습이 새겨지기 시작했어요.

그러던 중 오바마에게 또 다른 일이 맡겨졌어요. '알트겔드 가든 공공주택 계획'이라는 문제였어요. 알트겔드 가든은 버려진 도시나 마찬가지인 지역이었어요. 쓰레기로 뒤덮이고 하수처리장의 폐수로 인해 식물이 자라지 못했지요. 지역 전체에 악취가 풍겼고, 그곳에 살고 있는 사람들은 가장 밑바닥 환경에서 생활하고 있었어요.

오바마는 이 지역을 보수하여 사람들이 자립할 수 있는 새로운 주거 공간을 만들어 내겠다고 결심했어요. 그는 밤낮으로 쉬지 않고 주민들을 만났어요.

"오바마. 당신이 하는 일에 대해 물론 찬성이에요. 하지만 정부 관계자들이 우리 말을 들어주지 않는다고요."

"그건 저한테 맡기세요. 대신 여러분은 힘을 하나로 모아야 합니다. 여러분이 여러분의 요구를 하지 못하면 어느 누구도 우리를 도와주지 못합니다. 이번 주에 열리는 집회에 참가해 주세요. 그 집회를 통해 우리의 의견을 정확하게 전달합시다."

오바마는 주민들을 설득하는 한편, 정부 관계자들과의 만남을 준비했어요. 그리고 드디어 집회가 열리는 날이 되었어요.

집회가 시작되기 15분 전, 집회 장소에는 겨우 네 사람만 모였어요. 오바마는 이번에도 실패인가라는 생각에 암담함을 감출 수 없었어요. 그런데 집회가 열리려는 순간, 사람들이 갑자기 모여들기 시작했어요. 그리고 집회장에는 금세 100여 명의 사람들이 가득 들어찼어요. 오바마는 기쁨과 흥분으로 들떠 집회를 시작했어요.

결국, 오바마의 노력은 성공을 거두었어요. 관계자들과의 토론에 밀리지 않기 위해 수많은 자료를 보며 공부한 덕택이었어요. 또한 주민들의 생생한 현실 이야기를 바탕으로 이 지역을 기필코 변화시켜야 한다는 점을 강력하게 주장했어요. 마침내 관계자들은 이곳에 직업훈련센터를 설립하겠다고 약속했어요. 사람들은 모두 환호성을 지르며 오바마에게 박수를 보냈어요.

이 일을 계기로 오바마는 지역사회 운동가로서의 삶을 본격적으로

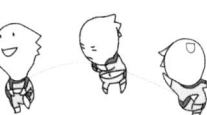

시작했어요. 오바마는 변함없는 끈기와 열정으로 사람들을 하나로 모으는 데 성공했고, 또 하나의 의견을 관철시켜 꿈을 이루어 냈답니다. 발로 뛰면서 흘린 작은 땀방울이 모여 결국 성공을 일구어 낸 거예요. 오바마는 이렇게 자신의 꿈을 이루기 위해 침착하면서도 끈기 있게 걸어 나갔어요. 그리고 그 길에서 희망을 발견하게 되었답니다.

케냐 여행

"오바마! 지금이 바로 네 고향을 찾아야 할 때다. 지금이 바로 그때야!"

잠을 자던 오바마는 벌떡 일어나 주위를 두리번거렸어요.

'내가 잘못 들었나? 꿈을 꾼 건가? 아냐. 분명히 들었어. 틀림없이 아버지 목소리였어.'

오바마는 밤새도록 잠을 이룰 수 없었어요. 자신을 부르는 아버지의 목소리가 귓가에 쟁쟁하게 들리는 것 같았기 때문이에요.

'아무래도 아우마 누나를 만났기 때문인 것 같아.'

오바마는 깊은 고민에 빠졌어요. 며칠 전, 배다른 누나인 아우마가 오바마를 찾아 시카고에 왔어요. 오랫동안 가족에게서 떨어져 살던 오바마에게 누나와의 만남은 무척이나 가슴 설레는 일이었어요.

"오바마! 네가 오바마구나."

"아우마 누나! 정말 반가워. 나도 누나를 한눈에 알아보았어."

오바마와 아우마는 반갑게 부둥켜안았어요. 오바마의 가슴속에서 뜨거운 감정이 솟구쳤어요.

비록 어머니는 다르지만, 낯선 사람들 틈에서 혼자 생활해 온 오바마에게 누나의 존재는 포근하고 편안하기만 했어요.

두 사람은 함께 지내는 며칠 동안 끊임없이 서로에 대한 이야기를 나누었어요. 특히 누나는 오랜 세월 아버지와 함께 살았기 때문에, 오바마가 전혀 모르는 이야기를 들을 수 있었어요.

아우마 누나가 오바마에게 들려준 아버지 이야기는 너무나 충격적이었어요. 청년이 될 때까지 오바마가 알고 있던 아버지에 대한 이야기와는 전혀 다른 내용이었기 때문이에요.

"오바마. 네 아버지는 물론 훌륭하시기도 했지만, 폭력적인 사람이기도 했어. 원하는 대로 일이 풀리지 않자 그렇게 변하신 거야."

누나의 말에 따르면, 젊은 나이에 하버드에서 공부를 마치고 돌아왔을 때까지만 해도 아버지는 케냐에서 잘나가는 인물이었어요. 케냐로 돌아온 아버지는 두 명의 아내를 맞이했고, 여러 명의 자식을 낳으며 부와 명성을 쌓아 나갔지요. 하지만 어떤 일에도 자기 뜻을 굽히지 않는 성격 탓에 케냐 정부의 미움을 사게 되었고, 일자리까지 잃게 되면서 급격히 몰락하기 시작했어요. 아버지는 폭력적으로 변

했고, 그 와중에 교통사고까지 당하여 병원 신세를 져야 했던 거예요. 바로 그 시기에 오바마를 만났지만, 그 이후 결국 또 한 번의 교통사고로 세상을 떠나고 말았지요.

누나의 말을 들은 오바마는 하늘이 무너지는 것 같은 기분이 들었어요. 오바마에게 아버지는 신과 같은 존재였으니까요. 어머니에게 들은 아버지의 모습은 늘 당당하고 멋진 모습이었어요. 하지만 현실 속의 아버지는 오바마의 상상과 전혀 다른 모습이었던 거예요. 오바마는 무척 혼란스러웠어요.

누나가 떠난 후로도 오바마는 좀처럼 마음을 잡을 수 없었어요. 그러던 중, 꿈인지 생시인지 모를 이상한 목소리를 듣게 된 거였어요.

'안 되겠어. 내일은 로이 형을 만나러 가야겠어.'

오바마는 워싱턴에 살고 있는 배다른 형을 만나러 갔어요. 아우마 누나에게 들은 이야기를 확인하고 싶기도 했지만, 형은 뭔가 다른 말을 할지도 모른다는 막연한 바람 때문이기도 했어요.

"오바마! 널 여기서 만나게 되다니."

"로이 형. 정말 아버지를 많이 닮았어요."

둘은 서로의 어깨를 두드리며 마주 앉았어요.

"오바마. 난 네 생각처럼 그렇게 행복하지 않아."

"형, 그게 무슨 말이에요? 결혼해서 잘 살고 있잖아요."

"나는 정말 내가 싫어. 이건 다 아버지 때문이야. 아버지 때문이라고."

오바마는 또 한 번 충격을 받았어요. 형이 오히려 누나보다 더 아버지에 대한 원망이 깊어 보였기 때문이에요.

"오바마. 넌 모를 거야. 아버지는 언제나 나에게 최고가 되라고 강요했어. 지독하게 밀어붙였지. 그러면서도 만족할 줄 몰랐어. 난 아버지에게 단 한 번도 인정을 받은 적이 없었어. 난 아버지에게 늘 실패자이자 낙오자인 아들이었지."

로이 형에게 전해 들은 아버지의 모습 역시 오바마에게는 큰 충격일 수밖에 없었어요. 며칠 밤을 뜬눈으로 새운 오바마는 결국, 아버지의 고향인 케냐에 다녀오기로 했어요. 그곳에 가면 혼란스러운 마음을 정리할 수 있을 것 같았어요. 오바마는 당장 케냐행 비행기 표를 산 뒤 비행기에 몸을 실었어요.

어느덧 비행기가 케냐에 도착했어요. 오바마가 공항에 도착하자 아우마 누나가 마중을 나와 있었어요.

"오바마! 케냐에 온 걸 정말 환영해!"

아우마 누나의 환영 인사에 오바마는 어쩐지 마음이 편안해졌어요. 태어나 처음 와 보는 아버지의 고향이지만, 오바마에게는 전혀 낯설게 느껴지지 않았어요.

아우마 누나는 오바마를 데리고 여기저기를 돌아다니며 구경을 시켜 주었어요. 그리고 저녁 무렵 고모와 아버지의 아내들, 친척들에게 오바마를 소개시켜 주었어요. 놀랍게도 그들은 하나같이 반가운 마음으로 오바마를 맞아 주었어요.

오바마는 스물일곱 살에 자신의 뿌리를 찾기 위해
아버지의 나라 케냐를 방문해요.
그곳에서 오바마는 할머니를 처음으로 만나지요.
사진은 2008년 오바마가 할머니를 만나는 모습.

"오바마! 네가 여기에 와 주었구나. 정말 환영한다."

아버지에 대한 혼란 때문에 케냐에 온 오바마는 오히려 다른 가족들을 만나면서 마음이 안정되는 것을 느꼈어요. 아우마 누나는 마지막으로 오바마를 할머니의 집으로 데려갔어요.

"할머니! 버락 오바마가 왔어요."

아우마 누나의 외침에 할머니는 한달음에 달려 나와 오바마를 꼭 안아 주었어요.

"아, 내 손주. 널 얼마나 기다렸는지 모른다. 너를 만날 날만 손꼽아 기다려 왔단다."

할머니의 눈에서는 하염없이 눈물이 흘러내렸어요. 오바마의 눈에도 눈물이 그렁그렁 맺혔어요.

얼마 후, 할머니는 뒷마당에 있는 할아버지와 아버지의 무덤으로 오바마를 데려갔어요. 무덤 앞에 세워진 작은 팻말에는 할아버지와 아버지의 이름이 적혀 있었어요. 그것을 본 순간, 오바마는 와락 울음을 터뜨렸어요.

"아버지! 아버지!"

오바마는 눈물을 쏟아 내며 큰 소리로 아버지를 불렀어요. 그 순간, 오바마의 마음속에 쌓여 있던 응어리가 한꺼번에 풀어지는 느낌이 들었어요. 오바마는 아버지의 마음을 이해할 수 있을 것 같았어요. 끝까지 자존심을 굽히지 않았기 때문에 몰락할 수밖에 없었던 아버지의 당당함을. 아내와 어린 아들을 버려둔 채 자신의 조국으로 돌아

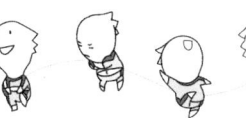

109

갈 수밖에 없었던 아버지의 뒷모습이 생생하게 떠오르는 것만 같았어요. 결국 아버지의 꿈도 오바마의 꿈과 다르지 않았다는 것을 깨달은 거예요. 아버지가 케냐에서 이루고 싶어 했던 꿈은 결국 케냐 사람들이 자유롭고 평등하게 살아가는 세상이었어요. 그 사실을 깨닫고 나자, 오바마의 마음속에는 거짓말처럼 평화가 찾아왔어요.

아주 오랫동안 오바마는 자신의 고향과 뿌리, 출신 성분 때문에 갈등과 혼란을 겪어야 했어요. 하지만 케냐 여행을 통해 오바마는 아버지를 이해하게 되었고, 그와 동시에 자신의 뿌리를 인정하게 되었지요. 또한 오바마는 그동안 한 번도 만나지 못했던 가족들을 만나면서 모두가 하나임을 느꼈어요. 비로소 오바마는 모든 과거에서 벗어나 자신의 꿈을 향해 걸어 나갈 수 있게 되었답니다.

최초의 흑인 편집장이 탄생하다

케냐 여행을 마치고 돌아온 오바마는 새로운 결심을 했어요. 좀 더 본격적으로 지역사회 운동가로 활동하기 위해 법 공부를 하기로 한 거예요. 대학에 입학하기에는 좀 늦은 나이였지만, 자신의 꿈에 대한 확신을 가진 오바마는 용기를 내어 도전하기로 했어요. 그리고 하버드로부터 입학 허가서를 받게 되었지요.

오바마는 스물일곱 살에 하버드 로스쿨에 입학했어요. 다른 친구들보다 나이가 조금 많은 대신, 학교 내에서 많은 일들을 앞장서서 해결해 나갔지요. 친구들이나 교수님들은 모두 하나같이 오바마를 칭찬했어요. 오바마는 인기가 높았지만, 결코 자만하지 않았어요. 늦게 시작한 만큼 더욱 신중하게 처신했고, 공부도 게을리 하지 않았어요.

오바마가 로스쿨에 입학한 지 2년째 되던 해였어요. 한 친구가 숨을 헐떡이며 달려오더니 오바마에게 말했어요.

"오바마! 〈하버드 로 리뷰〉에서 편집장을 뽑는대. 우리가 널 후보로 추천하려고 해."

"뭐? 싫어. 난 편집장 자리에는 관심이 없어."

"무슨 소리야. 〈하버드 로 리뷰〉의 편집장이 되기만 하면 졸업한 후에 출세가 보장된다고."

"난 졸업하더라도 법률 회사에서 일할 생각은 없어. 난 계속 지역사회 운동을 할 거니까."

"오바마. 지역사회 운동을 하더라도 〈하버드 로 리뷰〉의 편집장 자리는 큰 도움이 될 거야. 분명해."

"도움이 된다고?"

"물론이지. 하버드의 법률 학술지 〈하버드 로 리뷰〉가 얼마나 유명한지 몰라서 그래? 네가 편집장이 된다면 엄청난 관심을 받게 될 거

하버드 로스쿨 재학 시절의 버락 오바마.
그는 흑인으로서는 처음으로
〈하버드 로 리뷰〉의 편집장이 되었어요.

라고!"

친구의 말을 들은 오바마는 생각했어요.

'맞아. 편집장이 된다면 나중에 지역사회 운동을 하는 데에도 유리할 거야.'

오바마는 친구의 말대로 편집장 선거에 후보로 등록을 했어요. 그리고 다른 후보들과 함께 선거 유세를 시작했지요. 오바마가 후보로 나서자 많은 학생들이 그를 열렬히 지지했어요. 그는 공정하면서도 많은 사람들을 하나로 모으는 리더십을 가지고 있었기 때문이에요.

드디어 선거 날. 친구들의 예상대로 오바마는 〈하버드 로 리뷰〉의 편집장으로 선출되었어요. 그런데 놀랍게도 〈하버드 로 리뷰〉의 편집장으로 흑인이 선출된 것은 이번이 처음이었어요. 오바마가 〈하버드 로 리뷰〉의 편집장이 된 일은 곧 수많은 사람들의 관심을 끌게 되었어요. 미국의 주요 일간지 중 하나인 〈뉴욕 타임스〉는 '하버드 대학교 104년 역사상 최초의 흑인 편집장이 탄생하다!' 란 제목으로 기사를 실을 정도였지요.

편집장이 된 오바마는 역대의 어느 편집장보다도 훌륭하게 편집장 역할을 해 냈어요. 선택의 갈림길 앞에 놓일 때도 수없이 많았지만, 최대한 공정하고 신중하게 생각하여 판단을 내렸기 때문에 많은 동료들이 그를 칭찬했어요.

때로는 편집장 역할과 학생으로서의 역할이라는 두 가지 일을 하느라 힘이 들고 지치기도 했어요. 그럴 때마다 오바마는 로스쿨에 입학한 후 만난 미셸 로빈슨을 생각했어요. 미셸 로빈슨은 오바마가 학비를 벌기 위해 잠시 근무했던 법률 회사에서 만난 여자 변호사였어요. 회사에서 일하던 중 오바마의 파트너로 미셸 로빈슨이 들어오게 된 거예요. 미셸을 처음 본 순간, 오바마는 한눈에 반해 버렸어요.

'아! 정말 멋지고 아름다운 여자로군. 게다가 다정하고 사랑스럽기까지 해. 언제나 당당하게 일하는 모습을 보는 게 너무 즐거워.'

오바마는 미셸에게 데이트를 신청했어요. 처음에 몇 번은 오바마와의 데이트를 거절했던 미셸도 시간이 지나면서 오바마에게 호감을 느끼기 시작했지요. 결국 두 사람은 진지하게 만남을 갖게 되었지요.

오바마는 미셸과 편지나 전화를 주고받으며 힘든 순간들을 잘 이겨 냈어요. 그리고 공부도 더욱 열심히 했지요. 결국 오바마는 편집장 역할을 훌륭하게 끝낸 다음, 1991년 하버드 로스쿨을 수석으로 졸업했답니다.

학교를 졸업한 오바마는 곧장 미셸에게 달려갔어요. 그리고 그녀에게 청혼을 했어요.

"내 사랑, 미셸. 드디어 학업을 모두 마쳤소. 이제 남은 인생은 당신과 함께 걸어가고 싶소. 나와 결혼해 주겠소?"

미셸은 크게 기뻐하며 청혼을 받아들였어요. 그리고 1992년, 시카고에서 두 사람은 결혼식을 올렸답니다.

오바마는 〈하버드 로 리뷰〉의 편집장을 지내면서 다시 한 번 사람

1992년, 오바마는 법률 회사에서 만난 여자 변호사 미셸과 결혼을 해요.

을 사로잡는 리더십을 다질 수 있었어요. 언어적인 재능이 뛰어났기 때문에, 어떤 토론 자리에서도 결코 다른 사람들에게 뒤처지지 않았지요. 뿐만 아니라 사람들과의 관계를 잘 이끌어 나가는 능력도 기르게 되었어요. 오바마는 자신이 이루고자 하는 꿈을 위해 언제나 최선을 다했어요. 사람들은 그런 그의 노력과 열정을 높이 평가했답니다.

버락 오바마의 성년기

성인이 된 오바마는 자신이 바라는
'평등한 사회'를 만들기 위해 노력해요.
시민운동가로, 인권 변호사로, 그리고 일리노이 주 의원으로
자신의 역할을 충실히 수행하지요.
언제나 낮은 곳의 목소리를 들으려고 애쓰면서,
현실 안에서 타협점을 찾기 위해 노력했답니다.
이런 열정과 노력은 많은 사람들을 감동시켰어요.
결국 그는 미국 최초의 흑인 대통령이 되었어요.
그가 최고의 리더가 될 수 있었던 원동력은 과연 무엇이었을까요?
여러분이 오바마의 삶 속에서 그 해답을 찾아보기 바랍니다.

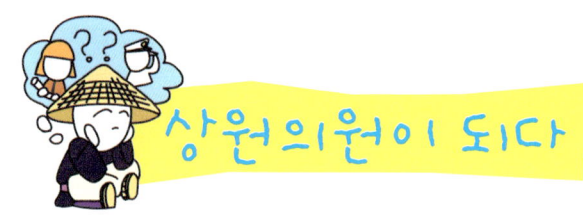
상원의원이 되다

학교도 졸업하고 결혼도 하게 된 오바마는 자신의 뜻대로 지역사회 운동가로 열심히 활동했어요. 그렇게 4년의 시간이 흘렀어요. 주위 사람들은 오바마가 좀 더 넓은 세계로 나아가길 바랐어요. 미셸 역시 오바마에게 좀 더 실질적인 활동이 필요한 때라고 충고를 해 주었지요. 오바마는 소외된 사람들과 흑인들을 위해 일을 하려면 자신이 좀 더 영향력 있는 사람이 되어야 한다고 생각했어요.

그리고 마침내 그는 주 상원의원 선거에 출마하기로 결심했어요. 상원의원은 정치 활동도 하지만 법을 정하고 고치는 일도 하는 사람들이에요. 오바마는 상원의원이 되어 사람들에게 꼭 필요한 법을 만들고 싶었어요.

오바마는 지역을 돌아다니며 선거운동을 시작했어요. 처음에 사람들은 정치계에 뛰어든 오바마를 좋지 않게 보았어요.

"젊은 사람이 왜 그 정치판에 뛰어들려는 거요? 혹시 유명해지고 싶은 건 아닙니까?"

"아닙니다. 정치계에도 반드시 개혁을 할 사람이 필요합니다. 그러지 않으면 지금 이 상황이 바뀌기 힘듭니다."

"하지만 당신이 상원의원이 된다고 해서 꼭 상황이 바뀐다고 볼 수도 없지 않습니까?"

"그것은 우리가 서로를 믿지 못하기 때문에 드는 생각입니다. 저를 믿어 주세요. 우리가 뭉치면 우리의 힘은 커집니다. 여러분의 생각을 하나로 모아 저는 정치에 반영할 것입니다. 전 우리가 하나로 뭉치기만 한다면 못할 것이 없다고 생각합니다. 전 단순한 믿음 하나만 가지고 있습니다. 바로 여러분의 마음이 하나로 뭉칠 수 있다는 믿음입니다."

오바마의 이런 말은 사람들의 마음을 크게 움직였어요. 사람들은 오바마의 말에 신뢰를 느꼈지요. 오바마는 가는 곳마다 이렇게 사람들의 마음을 움직이는 연설을 하거나 대화를 했어요.

그리고 결국, 그는 일리노이 주 민주당 상원의원에 당선되었답니다.

상원의원이 된 오바마는 그 후 8년 동안이나 일리노이 주에서 열심히 활동했어요. 아이를 키우는 부모 입장에서 유아 교육 프로그램을 널리 확장시키기도 했고, 법을 공부한 사람으로서 사법위원회에서 활동하기도 했어요.

그런데 수많은 일들 중 지금까지 사람들의 입에 오르내릴 만큼 성공적인 업적이 하나 있었어요. 바로 2003년에 '범죄자 취조 과정에서의 비디오 녹화 필수화 법안'을 통과시킨 거예요. 다시 말해 일리노이 주에서 아주 나쁜 죄를 저지른 사람들을 조사할 때, 그 과정을 모두 비디오로 녹화하여 기록을 남기도록 한 거예요.

사람들은 처음에 오바마가 왜 이 법안을 통과시키기 위해 노력하는지 잘 알지 못했어요. 하지만 오바마는 한결같은 말로 사람들을 설득

마틴 루터 킹 목사가 인종 차별 철폐라는 꿈을 꾼 지 50여 년이 지난 후 오바마가 그 꿈을 실현하고 있어요. 사진은 2008년 오바마가 열성적인 지지자들의 환호를 받는 모습.

했어요.

"아무리 나쁜 범죄자라 할지라도, 자신이 저지른 만큼의 벌만 받아야 합니다. 또한 죄를 짓지도 않았는데 누명을 쓰고 벌을 받는 일도 없애야 합니다. 이렇게 누구 한 명이라도 부당한 대우를 받지 않으려면, 그들을 조사하는 과정이 투명해야 합니다. 그것이 기록으로 남아야 우리는 실수를 피할 수 있습니다."

오바마의 주장은 당시 사람들에게 무척 파격적이었지만, 그만큼 필요한 것이기도 했어요. 결국 이 법안은 모든 사람의 동의하에 통과되었지요. 오바마가 이 법안을 통과시킨 이후, 일리노이 주에서 범죄를 저지른 사람들을 조사할 때는 반드시 비디오로 녹화하여 기록을 남기게 되었답니다.

오바마가 상원의원이 되어 언제나 성공만 거듭한 건 아니었어요. 하지만 실패나 좌절의 순간에도 오바마는 자신의 목표를 되돌아보며 반성하고 새롭게 마음을 다졌지요. 그에게 좌절과 실패는 오히려 다음 일을 할 때 일어날 수 있는 시행착오를 줄여 주었어요. 오바마는 이렇게 성공이냐 실패냐에 자신의 목표를 두지 않았어요. 오로지 옳다고 생각하는 길과 자신의 꿈을 위해 매 순간 열심히, 최선을 다해 일해 나갔어요. 그런 노력은 결국 그에게 성공을 가져다주었답니다.

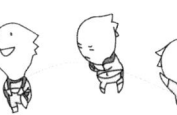

열정과 신념이 빛나는 연설

　2004년 11월, 오바마는 일리노이 주의 70퍼센트에 가까운 지지를 얻으며 연방 상원의원이 되었어요. 사람들은 언제나 공정하면서도 사람들의 마음을 뒤흔들 만큼 열정적인 오바마에게 무한한 신뢰와 존경심을 나타냈어요.

　사람들의 마음을 그렇게 뒤흔들 수 있었던 것은 바로 그가 사람들의 영혼까지 송두리째 흔들 만큼 뛰어난 연설을 할 수 있기 때문이에요.

　그를 전국적으로 인기 있는 정치가로 만든 건 바로 그가 민주당 대통령 선거 후보인 존 케리를 위해 했던 '담대한 희망'이라는 기조연설이에요. 그 연설을 하기 전까지만 해도 오바마는 그렇게 유명한 정치인은 아니었지요. 하지만 존 케리는 평소에 오바마의 연설에 뭔가 특별한 것이 있다는 점을 눈여겨보고 있었어요. 그리고 오바마에게 연설을 부탁했지요.

　2004년 7월 27일, 미국의 모든 시청자들이 텔레비전 앞에 모여 앉았어요. 미국 대통령 후보를 뒷받침하는 기조연설이 있는 날이었기 때문이에요. 이윽고 존 케리 민주당 후보의 기조연설이 시작됨을 알림과 동시에, 화면에는 낯설고 젊은 흑인 한 명의 모습이 나타났어요. 그의 연설 제목은 '담대한 희망'이었어요.

　"여러분. 여러분에게 정치는 냉소적인 것입니까, 희망적인 것입니까? 우리는 정치에 무지합니다. 정치를 외면하고 있습니다. 그저 언젠가는 모든 것이 해결될 거야, 신경 안 써도 누군가가 해결해 줄 거야, 라고 생각하며 정치에 냉소적입니다.

　제가 오늘 이야기하고 싶은 것은 희망입니다. 희망을 이야기하는 이유는, 그것이 우리에게 훨씬 더 현실적인 것이기 때문입니다. 노예들이 화롯불 주위에 둘러앉아 불렀던 자유의 노래가 바로 희망이며, 공장 노동자의 아들이 불평등에 도전할 때 지녔던 용기가 바로 희망입니다. 미국은 살기 좋은 곳이라고 믿었던 어느 굶주린 아이의 희망이며, 고향에서 멀리 떨어진 곳을 찾아 자신들의 삶의 터전을 일군 이민자들의 희망입니다. 이것이 바로 제가 이야기하고자 하는 '담대한 희망' 입니다."

　오바마의 멋진 연설을 사람들은 숨을 죽이고 들었어요. 젊은 흑인 정치가의 눈은 그 어느 때보다도 강렬하게 반짝이고 있었지요. 그는 조금의 떨림도 없이 침착하면서도 신중하게, 또박또박 자신이 준비한 연설문을 읽어 나갔어요.

　"이 희망은 신이 우리에게 주신 마지막 선물입니다. 이것은 우리 눈에 보이지 않지만, 시간이 지날수록 더욱 단단해질 것입니다. 저는 믿습니다. 중산층에게는 안정을, 노동자 가족에게는 더 나은 삶의 기회를 줄 수 있다는 것을. 저는 믿습니다. 일자리가 없는 이들에게 일자리를, 살 곳이 없는 이들에게 살 곳을, 미국 전역에서 인종 차별로 고통 받고 있는 이들에게 희망을 줄 수 있다는 것을. 저는 믿습니다.

우리가 지금 역사적 선택의 기로에 서 있다면 우리가 올바른 선택을 할 것이란 것을 말입니다. 우리는 우리에게 닥친 수많은 도전들과 맞서 싸워야 합니다. 그리고 반드시 그 싸움에서 이겨 낼 수 있다는 것을 믿습니다. …… 흑인을 위한 미국도, 백인을 위한 미국도, 아시아인을 위한 미국도 없습니다. 여기엔 미합중국만 있을 뿐입니다. …… 여러분! 우리 모두 성조기 아래서 서약한 미합중국을 지키려 하고 있습니다. 우리는 하나입니다."

 18분에 걸친 오바마의 기조연설이 지나자 사람들의 함성이 터져 나왔어요. 그의 연설은 미국 사람들의 마음에 깊은 감동을 주었지요. 사람들은 모두가 하나라는 그의 말을 가슴 깊이 새기며, 서로 협력하여 노력하면 더 나은 나라를 만들 수 있을 거라는 희망적인 생각을 하게 되었어요. 또한 좀 더 적극적으로 정치에 참여해야 한다는 생각도 하게 되었지요.

 그날 이후, 여기저기에서 지원 연설이 필요할 때마다 오바마를 찾게 되었어요. 시간이 지나면서 오바마의 명성은 점점 더 높아지게 되었지요. 당연히 이런 활동이 훗날 그가 대통령이 되는 데에 큰 힘이 되어 주었지요.

 그가 사람들의 마음을 뒤흔드는 연설을 할 수 있었던 힘은 무엇이었을까요? 그저 말을 잘하는 것 하나로 사람들에게 감동을 줄 수는 없을 거예요. 그의 연설에는 무엇보다 그가 지키고자 했던 자신의 신

2004년 오바마는 민주당 대통령 후보 존 케리를 위해 텔레비전 연설을 하지요. '담대한 희망'이라는 제목으로 이루어진 이 연설로 오바마는 많은 사람들에게 깊은 인상을 남겼어요. 사진 오른쪽이 존 케리 매사추세츠 주 상원의원.

념이 잘 나타나 있었기 때문이에요. 또한 자신의 부끄러운 과거나 불행했던 시기, 좌절과 실패, 방황의 기억들을 숨기지 않고 당당하게 내보였기 때문이에요. 사람들은 솔직하면서도 자신의 꿈을 향해 지치지 않고 앞으로 나아가는 오바마의 모습에서 큰 감동을 받았어요. 그가 외친 '담대한 희망'이 그를 미국 정치계의 가장 높은 곳으로 올려 주는 계기가 되었답니다.

희망의 미국을 외치다

"여보. 이제 정말 시작이에요."
"그렇군. 이제 정말 시작이군."
"난 당신을 믿어요. 당신은 해낼 거라고 믿어요."
"고맙소. 이 모든 것이 당신 덕분이오. 난 나와 당신의 신념을 믿고 있소. 그리고 그 신념을 지키기 위해 앞으로 나아갈 것이오."

미셸은 혹독한 추위 속에서 연설을 하기 위해 마음을 가다듬는 오바마의 두 손을 꼭 잡았어요. 그녀의 머릿속에 오랜 세월 동안 발이 부르트도록 뛰어다니며 사람들에게 희망을 외쳤던 남편의 모습이 떠올랐어요. 그리고 지금, 남편이 사람들 앞에서 대통령 후보로 정식

출마한다고 발표할 거란 생각에 온몸을 부르르 떨었어요. 추위와 두려움이 미셸의 머리와 가슴속을 후비며 지나갔어요.

오바마의 이름이 호명되자, 그가 연단 위로 뚜벅뚜벅 걸어 나갔어요. 엄청난 추위에도 불구하고 수많은 사람들이 그의 연설을 듣기 위해 몰려와 있었어요. 그가 연단 위에 모습을 보이자 사람들이 추위도 잊고 환호하며 그를 환영했어요. 환호하는 사람들의 모습을 보는 오바마의 눈에도 눈물이 핑그르르 돌았어요.

"링컨 대통령이 예전에 바로 이곳에서 주장했습니다. '분열된 집'은 제대로 설 수 없다고 말입니다. 그러나 여러분. 이곳에는 여전히 공동의 희망과 꿈이 살아 숨 쉬고 있습니다. 저는 바로 이 장소에서 여러분께 제가 민주당 경선 후보에 출마함을 정식으로 선언합니다."

오바마의 말이 끝나자마자 사람들은 우레와 같은 박수를 보내며 다시 한 번 환호하기 시작했어요. 사람들의 함성은 끝이 없었고, 연설장에는 뜨거운 기운이 감돌았어요. 오바마는 사람들의 함성이 잦아들자 다시 말했어요.

"매 순간 변화가 필요할 때 우리는 꼭 필요한 일을 이루었습니다. 그리고 지금이 바로 다시 변화해야 할 때입니다. 이 순간, 이 선거가 우리를 변화시킬 수 있습니다. 그것이 지금 제가 여기에 서 있는 이유입니다!"

오바마의 말에 사람들은 뜨거운 눈물을 흘렸어요. 많은 사람들이 미국이 새롭게 변화하길 바라고 있었고, 이 젊은 정치가에게서 바로

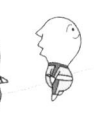

그런 희망을 보았기 때문이에요. 오바마는 자신이 대통령이 되어 하고자 하는 일들에 대해 차근차근 이야기해 나갔어요. 사람들은 모두 추위를 잊은 채 오바마의 이야기에 빠져 들어 있었어요. 오바마는 마지막으로 사람들을 향해 외쳤어요.

"지금 나는 이 자리에서 말합니다. 다른 미래가 가능하다고 말입니다. 나는 말합니다. 말에는 힘이 있습니다. 신념에는 힘이 있습니다. 인종과 종교, 신념과 지위라는 모든 차이를 떠나 우리는 하나입니다. 희망에는 힘이 있습니다. 이것이 바로 오늘 우리가 여기 모인 목적입니다. 이것이 바로 제가 대통령 선거에 뛰어든 이유입니다. 단지 대통령 자리를 차지하기 위해서가 아니라, 여러분과 함께 우리의 조국을 변화시키기 위해 여기에 모인 것입니다."

오바마의 연설은 성공적이었어요. 연단 아래에서 오바마의 연설을 지켜보던 아내 미셸 역시 뜨거운 눈물을 흘렸어요. 그와 함께 일해 왔던 많은 동료들도 마찬가지였지요.

오바마의 말대로 그의 연설에는 신념이 있었으며, 그 신념에는 힘이 있었어요. 그 힘은 대통령 선거를 치르는 내내 강력하게 발휘되었지요. 수많은 사람들이 오바마를 부르짖으며 오바마를 원했어요. 사람들은 그를 통해 꿈과 희망을 보았고, 오바마는 그들에게 꿈과 희망을 준 거예요. 그는 결국 미국 최초의 흑인 대통령으로 당선되었답니다.

오바마가 미국 최초의 흑인 대통령이 된 사실은 지금도 전 세계인

우리에게는 다른 미래가 가능합니다. 인종과 종교를 떠나 우리는 모두 하나입니다. 우리는 함께 조국을 변화시키기 위해 지금 여기에 모였습니다.

미국 대통령에 당선된 오바마가 2008년 시카고에서 열린 집회에서 연설하기 위해 가족과 함께 무대로 걸어 나오고 있어요.

들에게 충격적인 사건으로 꼽히고 있어요. 하지만 많은 사람들은 오바마를 대통령으로 만든 힘이 그의 꿈의 힘이란 사실을 잘 알고 있어요. 그는 평범한 사람들보다 훨씬 더 외롭고 열악한 환경에서 자라났어요. 하지만 방황을 겪으면서도 그는 절대 자신의 꿈을 잃지 않았지요. 그리고 자신의 꿈은 모든 사람들이 갖길 원하는 모든 이들의 꿈이라는 사실도 알게 되었어요. 그는 모두와 함께 꿈을 나누길 원했고, 결국 그 힘이 그를 대통령으로 만든 거랍니다. 오바마가 꿈을 향해 멈추지 않고 나아가는 한, 그와 함께 꿈을 꾸는 많은 사람들 역시 미래를 향해 앞으로 나아가게 될 거예요.

오바마 따라하기

이 세상 모든 사람들은 누구나 자신만의 재능을 지니고 있답니다.
학과 공부를 잘하는 사고 능력만이 재능은 아니랍니다.
사고 능력 외에도 창의력, 감성 능력이 모두 재능이지요.
어떤 사람은 사고능력보다 감성 능력이 앞서고,
다른 사람은 창의력이 앞설 수 있답니다.
성공한 사람들을 살펴보면 바로 자신에게 숨어 있는
재능과 적성을 알고 이를 잘 계발했다는 점을 발견할 수 있어요.
지금까지 우리는 꿈을 키워 희망의 상징이 된 미국의 첫 흑인 대통령
오바마가 어떻게 재능을 키워 나갔는가를 살펴봤어요.
이번에는 어린이 여러분이 오바마를 따라 할 차례예요.
오바마처럼 여러분도 '나는 누구인지'를 이해하는 힘을 길러 봐요.

나의 재능 체크하기

버락 오바마처럼 자신을 이해하는 능력이 발달한 사람들은 다음과 같은 특징들을 지니고 있어요. 여러분도 자기 자신을 이해하는 능력이 얼마나 발달했는지, 책 뒤에 있는 스티커를 가지고 상·중·하로 체크하고 확인해 보세요.

1. 나는 나의 장점과 단점을 잘 알고 있다.

2. 나는 혼자 조용히 생각하는 시간을 즐긴다.

3. 나의 미래와 꿈에 대해 많은 생각을 한다.

4. 하루 일과를 돌아보는 일기를 꾸준히 쓰는 편이다.

5. 나는 좋고 싫음이 분명하고, 그것을 잘 표현한다.

6. 나는 미래의 목표와 계획이 확실하다.

7. 나는 다른 사람에게 내 감정을 잘 전달한다.

8. 평소에 산책이나 명상을 하는 시간이 많다.

9. 나는 나 자신에 대해 잘 알고 있다.

10. 여럿이 함께 하는 것보다 혼자 할 때 공부가 더 잘 된다.

스티커를 '상'에 많이 붙였다면,
자기 자신을 제대로 보는 능력이 뛰어난 친구들이에요!

버락 오바마에게 가장 높게 나타나는 재능이기도 해요. 오바마는 어렸을 때부터 피부색이 다르다는 이유로 학교에서 따돌림을 당했어요. '나는 누구인가' 하는 고민을 많이 할 수밖에 없었죠. 힘든 어린 시절을 겪었지만 덕분에 자신의 꿈이 무엇인지를 확실히 아는 계기가 되었고, 성인이 되어서는 차별 없이 더불어 사는 세상을 만들기 위해 노력했어요.

내가 말하는 나

다음의 질문에 답해 보세요. 질문에 답하는 동안 과연 '나는 어떤 사람인가'를 생각해 보세요. 그러면서 자신에 대해 스스로 되돌아보는 시간을 갖는 것이 중요해요.

1. 나의 이름은?

2. 나의 별명이나 애칭은?

3. 나의 성격은?

4. 나의 보물 1호는?

5. 가장 자신 있는 운동은?

6. 가장 존경하는 인물은?

7. 가장 재미있게 읽은 책은?

8. 내가 가장 듣고 싶은 말은?

9. 나의 가족은?

10. 가장 재미있었던 가족 여행은?

11. 가족 모두가 좋아하는 음식은?

12. 가장 친한 친구 이름은?

13. 친구들과 가장 재미있었던 놀이는?

14. 가장 좋아하는 선생님은?

15. 가장 좋아하는 과목은?

친구들이 말하는 나

내가 말하는 나의 모습을 각자 완성했지요? 그렇다면 이번에는 친구들이 말하는 나는 어떤 사람일까요? 학교 친구, 동네 친구들 혹은 선생님이나 가족 등 주위 사람들에게 '나'는 어떤 사람인지 한마디로 표현해 달라고 부탁해 보세요. 물론 그 이유도 물어서 적어 보세요.

예) 이름 : 레이 　　나와의 관계 : 농구 팀 친구
　　너는 　농구 대통령　 (이)다.
　　이유 : 농구도 잘하고 모두 주장인 너를 믿고 따르니까.

♥ 이름 :　　　　　　나와의 관계 :
　너는 　　　　　　　　　　　(이)다.
　이유 :

♥ 이름 :　　　　　　나와의 관계 :
　너는 　　　　　　　　　　　(이)다.
　이유 :

♥ 이름 :　　　　　　　　　　나와의 관계 :

너는 　　　　　　　　　　　　　　　　(이)다.

이유 :

♥ 이름 :　　　　　　　　　　나와의 관계 :

너는 　　　　　　　　　　　　　　　　(이)다.

이유 :

친구나 선생님의 의견을 적었군요. 어때요?

내가 생각하는 '나'와 다른 사람들이 생각하는 '나'는 비슷한가요, 다른가요?
만약 다르다면 왜 다를까요?
다른 사람들이 보는 나는 어떤 모습인지 생각해 보세요.

공통점과 차이점 드러나게 글쓰기

나와 버락 오바마의 공통점과 차이점이 무엇인지 알아보아요. 그리고 공통점과 차이점이 드러나도록 글을 써 보기로 해요.

3학년 2학기 국어 쓰기 교과서 [첫째 마당 (2) 알고 싶어요] 참조.

 나의 모습을 그려 보세요.

나의 이름
_____

버락 오바마

 나와 오바마의 공통점과 차이점은 무엇인가요?

공통점	차이점
예) 운동을 좋아한다.	예) 나는 말을 잘 못한다.

 나와 오바마의 공통점과 차이점이 드러나게 글을 써 보세요.

행복 일지 쓰기

오늘 하루는 어땠나요? 즐겁고 재미난 일이 많았나요? 오늘 내가 행복했던 순간을 떠올려 봐요. 생각이 떠오른다면 다음과 같이 행복 일지를 작성하고 하루하루가 늘 행복한 사람이 되어 보아요.

오늘의 행복 일지

 오늘 행복했던 순간을 그림으로 그려 보세요.

제목 :

년   월   일

오늘 내가 행복했던 순간

 행복하다고 느낀 이유

 이 외에 오늘 행복했던 순간을 더 적어 보세요.

 내일의 행복을 예상해 보세요.

위인들의 재능이야기
미국의 첫 흑인 대통령 오바마

1판 1쇄 인쇄 2009년 8월 25일
1판 1쇄 발행 2009년 8월 31일

기획 | mbc · C'lancer
글 | 이어신
만화기획 | 동아사이언스
만화 | 김인호

재능지도 기획·개발·제공 | C'lancer
액티비티 기획·개발·제공 | C'lancer
캐릭터·삽화 제공 | C'lancer
시리즈 타이틀 제공 | C'lancer

사진 | 동아일보·연합뉴스

발행인 | 김재호
편집인 | 이재호
출판팀장 | 김현미

편집 | 한미화
아트디렉터 | 윤상석
디자인 | 박은경
마케팅 | 이정훈·유인석·설백구·이진주
인쇄 | 중앙문화인쇄

펴낸곳 | 동아일보사
등록 | 1968.11.9(1-75)
주소 | 서울시 서대문구 충정로3가 139번지(120-715)
마케팅 | 02-361-1030~3 팩스 02-361-1041
편집 | 02-361-0949 팩스 02-361-0979
홈페이지 | http://books.donga.com

저작권 Copyright ⓒ 2009 mbc · C'lancer
　　　　Copyright ⓒ 2009 이어신·김인호
이 책은 저작권법에 의해 보호받는 저작물입니다.
저자와 동아일보사의 서면 허락 없이 내용의 일부를 인용하거나 발췌하는 것을 금합니다.

ISBN 978-89-7090-733-8 73810
값 10,000원